- Blaženstva -

Čovjek koji traži istinski blagoslov

Dr. Jaerock Lee

*„Blagoslovljen čovjek, koji se uzda u Gospoda,
kojemu je uzdanje Gospod!
On je kao drvo usađeno kraj vode,
koje k potoku pruža korijenje svoje.
Ono se ne treba ništa bojati, kada dođe žega.
Lišće njegovo ostaje zeleno;
u sušnoj godini nema nikakve potrebe.
Ne prestaje donositi plod."*

(Jeremija 17:7-8)

Čovjek koji traži istinski blagoslov dr. Jaerock Lee
Nakladnik: Urim Books (Predstavnik: Seongnam Vin)
73, Yeouidaebang-ro 22-gil, Dongjak-gu, Seul, Koreja
www.urimbooks.com

Sva prava pridržana. Ni ova knjiga, niti njezini dijelovi ne smiju se reproducirati niti u bilo kojem obliku, pohranjivati na računalni sustav elektroničkim, mehaničkim putom, fotokopiranjem, bez prethodnog pisanog odobrenja izdavača.

Osim ako nije drukčije naznačeno, svi citati iz Svetog pisma preuzeti su iz Biblije Kršćanske sadašnjosti, Zagreb, 2008. ®, autorska prava © prvo izdanje u vlastitoj nakladi izdavača Kršćanska sadašnjost, Zagreb, 2008. Odobreno korištenje. Korišteno s dopuštenjem.

Copyright © 2020. Dr. Jaerock Lee
ISBN: 979-11-263-0587-2 03230
Autorska prava na prijevod © 2015. Dr. Esther K. Chung. Korišteno s dopuštenjem

Prvi put objavljeno u veljači 2020.

Prethodno na korejskom objavio 2002. Urim Books u Seulu, Koreja.

Urednik: Dr. Geumsun Vin
Dizajn: Urim Books
Tisak: Prione Printing
Za više informacija obratite nam se na: urimbook@hotmail.com

Poruka publikacije

Postoji priča zapisana na sveučilištu u Rimu. Student koji je imao određene financijske poteškoće je otišao starom bogatom čovjeku za pomoć. Starac ga je pitao na što bi potrošio novac. Student mu je odgovorio da je to za završetak školovanja.

„A onda?"

„Moram zaraditi novac."

„A onda?"

„Vjenčati ću se."

„A onda?"

„Ostariti ću."

„A onda?"

„Onda ću umrijeti."

„A onda?"

„..."

Dobra je lekcija u ovoj priči. Ako je student bio osoba koja traži istinske blagoslove koji se mogu imati zauvijek, on bi odgovorio, „Ići ću na nebo," na starčevo zadnje pitanje.

Generalno, u ovom društvu ljudi misle da su stvari kao bogatstvo, zdravlje, slava, autoritet i mir u obitelji blagoslovi. Oni pokušavaju imati te stvari. Ali ako se zagledamo uokolo, mi možemo vidjeti da malo tko uživa u tim blagoslovima.

Neke obitelji mogu biti bogate, ali mnoge od njih imaju probleme ili nevolje u odnosima među roditeljima, djecom ili rođacima. Čak i zdrav čovjek može izgubiti svoj život u bilo kojem trenutku zbog nesreće ili bolesti.

U travnju 1912. tisuće su ljudi mirno putovale na luksuznom kruzeru koji je imao tragičnu nesreću. Titanic sa 2300 ljudi na brodu sudario se sa ledenom santom i potonuo na svojem prvom putovanju. To je bio najveći kruzer na svijetu hvaleći se sa izvrsnost i luksuzom, ali nitko nije znao što će se dogoditi u samo nekoliko sati.

Nitko ne može sa sigurnošću reći za sutra. Čak i ako osoba uživa u bogatstvu, slavi i autoritetu u ovom svijetu za svojeg cijelog života, on ne može biti blagoslovljen čovjek ako pada u pakao i zauvijek pati. Prema tome, istinski blagoslov je primiti spasenje i ući u kraljevstvo nebesko.

Prije otprilike 2000 godina, Isus je počeo Svoje javno svećeništvo sa porukom, *"Obratite se; jer je blizu kraljevstvo nebesko"* (Po Mateju 4:17). Prva poruka koja je slijedila tu objavu su „Blaženstva," sa kojim oni mogu doći do kraljevstva nebeskog. Ljude koji će uskoro nestati kao magla, Isus je učio o vječnom blagoslovu, prvenstveno istinskom blagoslovu odlaska u nebesko kraljevstvo.

Također ih je učio postati svjetlo i sol svijeta, ispunjavati Zakon sa ljubavi i ostvariti Blaženstva. To je zapisano po Mateju od poglavlja 5 do 7. To se naziva „Propovijed na gori."

Naročito, zajedno sa Duhovnom Ljubavi u 1. poslanici Korinćanima poglavlje 13 i Plod Duha u Poslanici Galaćanima poglavlje 5, Blaženstva nam govore o putu postanka ljudima duha.

To su putokazi za nas da bi se mogli provjeriti i to je suštinski sadržaj za nas da bi postali posvećeni i ušli u Novi Jeruzalem koji sadrži tron Boga i koji je najveličanstvenije prebivalište na nebu.

Ova knjiga *Čovjek koji traži istinski blagoslov* je sadržaj propovijedi o Blaženstvima koji sam ja dostavio u crkvama nekoliko puta.

Ako mi ostvarimo riječi u Blaženstvima, mi nećemo samo uživati u blagoslovima ovog svijeta kao što su bogatstvo, slava, autoritet i mir u obitelji, nego ćemo mi također imati Novi Jeruzalem među mnogim nebeskim mjestima. Blagoslovi koje je Bog dao se ne mogu uzdrmati nikakvom vrstom poteškoće. Ako mi samo ostvarimo Blaženstva, mi nećemo imati nikakve poteškoće.

Ja se molim, da će se kroz ovu knjigu mnogi ljudi promijeniti u ljude duha koji traže istinske blagoslove i primiti sve blagoslove koje im je Bog pripremio. Također zahvaljujem Geumsun Vin, direktorici uredništva i radnicima.

Jaerock Lee

Sadržaj

Poruka publikacije

Poglavlje 1 : Prvi blagoslov

Blagoslovljeni su siromašni u duhu!
Njihovo je kraljevstvo nebesko   1

Poglavlje 2 : Drugi blagoslov

Blagoslovljeni su žalosni!
Oni će se utješiti   19

Poglavlje 3 : Treći blagoslov

Blagoslovljeni su krotki!
Oni će posjedovati zemlju   35

Poglavlje 4 : Četvrti blagoslov

Blagoslovljeni su, koji gladuju i žeđaju pravde!
Oni će se nasititi   51

Poglavlje 5 : **Peti blagoslov**

Blagoslovljeni su milosrdni!
Oni će postići milosrđe   65

Poglavlje 6 : **Šesti blagoslov**

Blagoslovljeni su koji su čista srca!
Oni će Boga gledati   83

Poglavlje 7 : **Sedmi blagoslov**

Blagoslovljeni su mirotvorci!
Oni će se zvati sinovi Božji   97

Poglavlje 8 : **Osmi blagoslov**

Blagoslovljeni su, koji trpe progonstvo zbog pravde!
Njihovo je kraljevstvo nebesko   115

Poglavlje 1
Prvi blagoslov

Blagoslovljeni su siromašni u duhu!
Njihovo je kraljevstvo nebesko

2 · Čovjek koji traži istinski blagoslov

Po Mateju 5:3

„Blagoslovljeni su siromašni u duhu!
Njihovo je kraljevstvo nebesko."

Zatvorenik koji je osuđen na smrt u američkom zatvoru je prolijevao suze dok je držao novine u rukama. Naslov je bio o inauguraciji dvadeset drugog predsjednika Sjedinjenih Američkih Država, Stephena Grovera Clevelanda. Čuvar koji ga je gledao pitao ga je zašto tako gorko plače. On je počeo objašnjavati sa spuštenom glavom.

On je nastavio pričati, „Stephen i ja smo sa istog učilišta. Jedan dan, nakon što smo završili naš sat, čuli smo zvuk crkvenog zvona. Stephen me poticao da odem u crkvu sa njim, ali ja sam odbio. On je otišao u crkvu, a ja u pub. To je učinilo naše živote tako drugačijima."

Trenutak odluke je promijenio cijeli život ovog čovjeka. Ali, ovo nije samo o životu na ovoj zemlji. Naš vječan život se isto može promijeniti zbog odluka koje načinimo.

Oni koji su pozvani na nebesku gozbu

Po Luki poglavlje 14, jedan je čovjek postavio veliku gozbu i pozvao mnogo ljudi. On je poslao svoje sluge da uvode pozvane, ali svi su se sluge vratili sami. Pozvani su imali mnoge razloge, ali svi su bili prezauzeti da bi došli.

„Kupio sam komad zemlje i moram ga otići pogledati. Hvala ti na pozivu, ali nažalost, ne mogu doći."

„Kupio sam pet jarmova goveda i ići ću ih iskušati. Tako mi je žao što neću moći prisustvovati.

„Znam da ćeš razumjeti da sam se nedavno oženio i zbog toga ne mogu doći."

Domaćin je poslao ponovno svoje sluge u selo da dovedu siromahe, slijepe i bogalje sa ulica da bi podijelio gozbu. U ovoj usporedbi Isus uspoređuje one koji su primili pozive sa onima kojima je pozivnica bila ponuđena da bi prisustvovali nebeskoj gozbi.

Danas, oni koji su bogati duhom odbijaju prihvatiti evanđelje. Oni daju mnoge izgovore ne prisustvovati dok oni koji su siromašni u duhu brzo prihvaćaju pozivnicu. Zato su prva vrata na prolasku do istinskog blagoslova je postati osoba koja je siromašna u duhu.

Siromašan u duhu

Biti „siromašan u duhu" je imati siromašno srce. To je imati srce koje nema arogancije, ponosa, sebičnost, osobnih želja ili zla. Prema tome, oni koji su „siromašni u duhu" lako prihvaćaju evanđelje. Nakon prihvaćanja Isusa Krista, oni žude za duhovnim stvarima. Oni se također mogu brzo promijeniti sa moći Boga.

Neka žena kaže, „Moj suprug je stvarno dobar čovjek, ali on ne želi prihvatiti evanđelje." Ljudi smatraju da je netko „dobar" ako izvana ne počini zlo. Ali čak i ako se netko čini dobar, ako on ne prihvaća evanđelje jer je njegovo srce bogato, kako mi možemo reći da je on stvarno dobar?

Po Mateju poglavlje 19, jedan mlad čovjek je došao do Isusa i pitao ga kakve dobre stvari on mora učiniti da bi dobio vječan život. Isus mu je rekao da drži sve zapovijedi Boga. Onda u dodatku toga, On mu je rekao da proda sve svoje imanje, da siromašnima i da Ga slijedi.

Mladić je mislio da voli Boga i da drži Njegove zapovijedi jako dobro. Ali je on otišao žaleći. To je zato što je on bio bogat i on je smatrao svoje bogatstvo vrjednijim od dobitka vječnog života. Videći ga Isus je rekao, *„Lakše ide deva kroz iglene uši, negoli bogataš u kraljevstvo Božje"* (s. 24).

Ovdje, biti bogat ne znači samo imati imanja i veliko bogatstvo. To znači biti bogat u duhu. Ljudi koji su bogati u duhu ne moraju činiti nešto zlo izvana, ali oni imaju snažne tjelesne svjetovne želje. Oni uživaju u novcu, autoritetu, znanju, ponosu, rekreacijskim aktivnostima, zabavi i drugim uživanjima. Zbog toga oni ne osjećaju potrebu za evanđeljem i oni ne traže Boga.

Blagoslovi bogatih za one koji su siromašni u duhu

Po Luki poglavlje 16 bogat čovjek je uživao i radio je zabave svaki dan. On je bio tako bogat da je njegovo srce također bilo bogato; on nije osjećao potrebu vjerovati u Boga. Ali prosjak

Lazar je patio od bolesti i morao je prositi na vratima bogataševe kuće. Jer je bio siromašan u duhu, on je tražio Boga.

Što je bio rezultat nakon što je umro? Lazar je spašen i mogao se odmarati na Abrahamovim prsima, ali bogataš je pao u Had je pati zauvijek.

Plamen je bio tako vruć da je on rekao, *„Oče Abrahame, smiluj mi se i pošalji Lazara, neka umoči u vodu vrh prsta svojega i rashladi moj jezik; jer trpim veliku muku u ovom plamenu"* (s. 24). On nije mogao pobjeći od boli čak ni na trenutak.

Kakav je onda osoba blagoslovljen čovjek? To nije čovjek koji ima puno imanja i autoriteta i uživa u svojem životu na ovoj zemlji kao bogataš. Iako je njegov život nizak, to je stvarno blagoslovljen život prihvatiti Isusa Krista i ući u nebesko kraljevstvo kao Lazar. Kako mi možemo uspoređivati život na ovoj zemlji, koji traje samo sedamdeset ili osamdeset godina, sa vječnim životom?

Ova poredba nam govori da važna stvar nije biti bogat na ovoj zemlji, nego biti siromašan u duhu i vjerovati u Boga.

Međutim to ne znači da osoba koja je siromašna duhom i koja je prihvatila Isusa Krista mora živjeti siromašnim životom i patiti od bolesti kao Lazar da bi bila spašena. Nego radije, jer nas je Isus otkupio od naših grijeha i Sam živio životom siromaštva, kada smo mi siromašni u duhu i živimo prema riječi Boga, mi možemo biti bogati (2. poslanica Korinćanima 8:9).

3. Ivanova poslanica 1:2 govori, „*Ljubljeni, želim, da ti u svemu bude dobro, i da budeš zdrav, kao što je tvojoj duši dobro.*" Kako naša duša uspijeva, mi ćemo biti duhovno i fizički zdravi i mi ćemo primiti financijske blagoslove, mir u obitelji i tako dalje.

Iako smo prihvatili Isusa Krista i počeli uživati u blagoslovima bogatstva, mi moramo držati našu vjeru u Krista do kraja da bi imali potpuno nebesko kraljevstvo. Ako mi odemo sa puta spasenja voleći svijet, naša imena se mogu obrisati iz knjige života (Psalam 69:28).

To je kao maratonska utrka. Kada maratonac koji trči prvi ode sa kursa prije ciljne linije, on ne može dobiti nikakvu nagradu a da ne spominjemo zlatnu medalju.

Prvenstveno, čak i ako vodimo marljiv kršćanski život sada, ako ponovno postanemo bogati u srcu zbog iskušenja novca i svjetovnih užitaka, naša vatrenost će se ohladiti. Mi se možemo čak i odmaknuti od Boga. Ako to učinimo, mi nećemo moći doći do nebeskog kraljevstva.

Zato u 1. Ivanovoj poslanici 2:15-16 piše:

> *Ne ljubite svijeta, ni što je u svijetu. Ako tko ljubi svijet, nema ljubavi Očeve u njemu. Jer sve, što je u svijetu požuda je tijela, požuda očiju i oholost života, nije od Oca, nego od svijeta.*

Odbaciti požudu tijela

Požuda tijela su misli neistine koje proizlaze iz srca. To su prirode koje žele počiniti grijehe. Ako imamo mržnju, gnjev, želje, zavist, preljubnički um i aroganciju u našem srcu, mi ćemo htjeti vidjeti, čuti, misliti i djelovati slijedeći te prirode.

Na primjer, ako osoba ima prirodu suditi i osuđivati druge, oni će imati želje čuti glasine o drugima. Onda, bez provjeravanja i znanja istine, oni šire te stvari i blate druge i osjećaju se dobro i osjećaju ugodu dok to čine.

Isto tako, ako osoba ima gnjev u srcu, on će se ljutiti čak i na male stvari. On će se osjećati dobro samo kada izbacuje gnjev. Ako on pokuša zadržati rastući gnjev, to je za njega bolno, pa si on ne može pomoći nego izbacivati gnjev.

Da bi odbacili te požude tijela, mi se moramo moliti. Mi ih zasigurno možemo odbaciti ako primimo punoću Duha kroz vatrene molitve. U suprotnom, ako se prestanemo moliti ili izgubimo punoću Duha, mi dajemo šansu Sotoni da uzbudi požudu tijela. Kao rezultat, mi možemo počiniti grijehe u djelima.

1. Petrova poslanica 5:8-9 kaže, *„Budite trijezni i bdijte. Jer protivnik vaš, đavao, kao lav ričući obilazi i traži, koga da proždere."* Kroz molitve, mi uvijek moramo biti budi da bi primili punoću Duha Svetog. Kroz vatrene molitve mi možemo postati siromašni u duhu odbacujući požudu tijela, koja je grešna priroda.

Odbacivati požudu očiju

Požuda očiju je grešna priroda koja je uzbuđena kada vidimo ili čujemo nešto. To nas potiče da želimo i slijedimo to što smo vidjeli ili čuli. Kada mi vidimo nešto, ako to prihvatimo zajedno sa osjećajima, kada kasnije vidimo sličnu stvar, to će stimulirati slične osjećaje. Čak i bez gledanja, samo slušajući sličnu stvar, slični osjećaji će se uzdići, uzrokujući požudu očiju.

Ako mi ne odbacimo nego kontinuirano prihvatimo tu požudu očiju, to potiče požudu tijela. I ponovno to u konačnici vjerojatno vodi počinjenju grijeha u djelima. David, koji je bio čovjek prema Božjem srcu, je također počinio grijeh zbog požude očiju.

Jedan dan, nakon što je David postao kralj i nacija je dobila stabilnost, David je bio na krovu i slučajno vidio, Bat-Šabu, Urijevu ženu, kako se kupa. On je bio u iskušenju i uzeo ju je te spavao sa njom.

U to vrijeme, njen je suprug bio na ratištu, boreći se za domovinu. Kasnije, David je saznao da je Bat-Šaba trudna. Da bi prikrio svoje pogreške, on je pozvao Urija sa bojišta i potaknuo ga da spava kući.

Ali iz razumijevanja prema svojim kolegama vojnicima koji su se još uvijek borili, on je spavao na vratima kraljeve kuće. Kada se stvari nisu dogodile kako je on htio, David je Urija poslao na prvu crtu borbe da bi ga ubio.

David je mislio da voli Boga više od bilo koga drugog.

Usprkos tomu, kako je požuda očiju ušla u njega, on je učinio zlo spavanja sa ženom drugog čovjeka. Nadalje, da bi to prikrio, on je počinio veće zlo, ubojstvo.

Kasnije, kao odmazdu, on je prošao kroz veliko iskušenje. Sin kojeg je Bat-Šaba rodila je umro i on je morao pobjeći od pobune svojeg sina, Absaloma. On je čak morao čuti kletve od niske osobe.

Kroz ovo, David je mogao shvatiti oblike zla u svojem srcu i pokajati se potpuno pred Bogom. Konačno, on je postao kralj kojeg je Bog puno koristio.

Ovih dana, neki mladi ljudi uživaju u odraslim materijalima u filmovima ili na internetu. Ali to ne bi trebali olako uzimati. Ova vrsta požude očiju je kao paljenje fitilja požude tijela.

Usporedimo to sa ratom. Pretpostavimo da je požuda tijela predstavljena sa vojnicima koji se bore unutar ograđenoga grada. Onda je požuda očiju kao pojačanje ili vojne zalihe tim vojnicima unutar zidina. Ako imaju konstantne zalihe, oni će imati veću snagu za borbu. Ako je požuda tijela pojačana mi ne možemo pobijediti protiv nje.

Prema tome, jer je moguće da sa našom voljom odbacimo požudu očiju, mi ne bismo trebali vidjeti, čuti ili misliti ništa što nije istina. Nadalje, kada mi vidimo, čujemo i mislimo sa istinom i imamo samo dobre osjećaje, mi možemo potpuno odbaciti požudu očiju.

Odbaciti ponos ovog života

Ponos ovog života je priroda koja hvalisa samog sebe. To znači uživati u fizičkim ugodnostima svijeta da bismo zadovoljili požudi tijela i požudu očiju i razmetati se ostvarenjima pred drugima. ako imamo ovu vrstu prirode, mi ćemo se hvaliti sa bogatstvom, časti, znanjem, talentima, izgledom i tako dalje da bi se otkrili i dobili više pažnje.

Jakovljeva poslanica 4.16 kaže, *„A sad se hvalite svojim hvalisanjem. Svaka je hvala takva zla."* Hvalisanje nema nikakve koristi za nas. Prema tome, kao što je rečeno u 1. poslanici Korinćanima 1:31 *„Tko se hvali, u Gospodinu neka se hvali,"* mi se moramo hvaliti samo Boga i davati Mu hvalu.

Hvaliti Gospoda je hvaljenje Boga koje nam odgovara, dajući nam blagoslove i milost i kraljevstvo nebesko. To je davati slavu Bogu i zasaditi vjeru i nadu u slušatelja tako da on može žudjeti za duhovnim stvarima.

Ali neki ljudi kažu da se oni hvale Gospoda, ali na način na koji oni žele biti uzdignuti kroz to. U tom slučaju, to ne može promijeniti druge. Prema tome, mi bi se trebali zagledati u sebe u svemu tako da ponos života neće pasti na nas (Poslanica Rimljanima 15:2).

Postani dijete duhovnost

Postojalo je malo dijete u malom gradu u Sjedinjenim

Američkim Državama. Jer su učionice za vjeronauk bile jako male, on se počeo moliti Boga da im da veću učionicu. Čak ni nakon nekoliko dana, nije bilo odgovora i on je onda počeo pisati pismo Bogu svaki dan.

Međutim, čak i prije nego je navršio deset on je umro. Dok je njegova majka sređivala njegove stvari, ona je pronašla debeli svežanj pisama koja je on napisao Bogu. Ona ih je pokazala pastoru koji je bio duboko dirnut. On je pričao o tome tijekom svoje propovijedi.

Vijest se proširila preko mnogih mjesta i prinosi su počeli stizati sa mnogih mjesta i uskoro je bilo i više nego dovoljno sagraditi novu crkvu. Kasnije, osnova i srednja škola su uspostavljene u njegovo ime i nakon toga čak i fakultet. To je bio rezultat nevine vjere mladog djeteta koje je vjerovalo da je Bog Onaj koji će mu dati što traži.

Po Mateju poglavlje 18, učenici su pitali Isusa tko je najveći u nebeskom kraljevstvu. Isus je odgovorio, *„Ako se ne obratite i ne budete kao djeca, nećete ući u kraljevstvo nebesko"* (s. 3). Pred Bogom, bez obzira na dob, svi mi moramo imati srce djeteta.

Djeca su nevina i čista, pa oni prihvaćaju sve što su naučeni. Isto tako, samo kada mi vjerujemo i slušamo riječ Boga kako mi čujemo i učimo mi možemo ući u nebesko kraljevstvo.

Na primjer, Božje riječi govore, „Moli se stalno," i mi bismo se trebali moliti stalno bez davanja isprika. Bog nam govori da se uvijek radujemo i prema tome, mi se uvijek pokušavamo radovati bez misli, „Kako se ja mogu radovati kad ima tako puno tužnih stvari u mojem životu?" Bog nam govori da ne mrzimo i mi pokušavamo voljeti čak i naše neprijatelje bez davanja isprika.

Isto tako, ako mi imamo srce djece, mi ćemo se brzo pokajati zbog toga što smo učinili pogrešno i pokušati živjeti prema riječi Boga.

Ali ako je osoba ukaljana sa svijetom i izgubi svoju nevinost, on će postati utrnuti kada čini grijehe. On će suditi i osuđivati druge, širiti greške i mane drugih, govoriti male i velike laži, ali neće čak ni shvatiti da čini zle stvari.

On će gledati s visoka na druge, pokušati da ga se služi i ako mu nešto ne koristi, on će jednostavno zaboraviti milost koju je jednom primio. Ali on neće imati čak ni grižnju savjesti. Jer on ima veću želju slijediti svoju vlastitu korist, on će djelovati na taj način da ju dobije.

Ali u istini, ako mi postajemo duhovna djeca, mi ćemo osjetljivo reagirati na dobro i zlo. Ako vidimo nešto dobro, mi ćemo lako biti dirnuti i proliti suzu i mi ćemo mrziti i gnušati se na zlo.

Čak i ako ljudi u svijetu kažu da nije zlo, ako Bog kaže da je zlo, mi ćemo ga mrziti iz našeg srca i pokušavati ne počiniti nikakav grijeh.

Isto tako, dijete nije arogantno, pa on ne insistira na svojem mišljenju. On samo prihvaća što ga ljudi uče. Isto tako, duhovno dijete ne insistira na svojoj aroganciji ili pokušava biti uzdignuto. Pismoznanci i farizeji u Isusovo vrijeme su sudili i osuđivali druge govoreći da oni znaju istinu, ali duhovno dijete neće učiniti takvu stvar. On će samo ponizno i mirno djelovati kao naš Gospod.

Pa, duhovno dijete ne insistira da je on u pravu kada on sluša riječ Boga. Čak i ako ima nešto što se ne slaže sa njegovim znanjem ili nešto što on ne shvaća, on neće suditi ili pogrešno shvaćati, nego će samo vjerovati i prvo poslušati. Kada on čuje za radove Boga, on neće pokazati ponos ili aroganciju nego će žudjeti iskusiti istu vrstu rada sam.

Ako postanemo duhovna djeca, mi ćemo vjerovati i slušati riječ Boga kao i on. Ako pronađemo bilo koji grijeh prema riječi, mi ćemo se pokušati promijeniti sami sebe.

Ali u nekim slučajevima, oni vode kršćanski život dugo vremena i oni samo skladište riječ Boga kao znanje i njihovo srce postane kao kod odrasle osobe. Kada oni prvo prime Božju milost, oni se pokaju i očvrsnu se odbaciti svoje grijehe koje su pronašli, ali kasnije, oni postanu utrnuti.

Kada oni slušaju prije, oni misle, „Ovo znam." Ili, oni slušaju samo stvari koje im koriste sa kojima se mogu složiti. Oni sude i osuđuju druge sa riječima koje znaju.

Prema tome, da bi postali siromašni u duhu, mi uvijek moramo pronaći zlo u nama kroz riječ, odbaciti ga kroz vatrene molitve i postati duhovna djeca. Samo tada ćemo moći uživati sve blagoslove koje je Bog pripremio za nas.

Blagoslov imati vječno kraljevstvo nebesko

Onda, točno, kakva je vrsta blagoslova koju će siromašnih duhom primiti? Po Mateju 5:3 govori, *"Blagoslovljeni su siromašni u duhu! Njihovo je kraljevstvo nebesko,"* i kao što je rečeno, oni će primiti pravi i vječni blagoslov, prvenstveno kraljevstvo nebesko.

Nebesko kraljevstvo je mjesto gdje će Božja djeca boraviti. To je duhovno mjesto koje se ne može usporediti sa ovim svijetom. Baš kao što roditelji čekaju svoju bebu koja se treba roditi i pripremaju sve stvari kao što su igrače i nosiljka za bebe, Bog priprema nebesko kraljevstvo za one koji su siromašni duhom, koji otvaraju svoja srca i prihvaćaju evanđelje da bi postali Njegova djeca.

Kao što je Isus rekao po Ivanu 14:2, *"U kući Oca mojega mnogi su stanovi,"* postoje mnoga prebivališta u nebeskom kraljevstvu. Prema tome koliko mi volimo Boga i živimo prema Njegovoj riječi i držimo našu vjeru, nebeska prebivališta će biti drugačija.

Ako je netko siromašan u duhu, ali samo ostaje na nivou prihvaćanja Isusa Krista i primanja spasenja, on će otići u Raj živjeti zauvijek. Ali kako osoba nastavlja živjeti svoj život u Kristu i mijenja se prema riječi Boga, onda će biti dano Prvo,

Drugo i Treće kraljevstvo neba. Nadalje, onaj koji je ostvario posvećenost srca i bio je vjeran u svoj Božjoj kući će primiti najljepše mjesto prebivanja, Novi Jeruzalem, uživati u vječnim blagoslovima.

Molim te pogledaj knjige *Nebo I* i *Nebo II* o mjestima prebivanja i sretnom životu u nebeskom kraljevstvu. Ovdje, dopusti mi da ti predstavim samo malo o životu u Novom Jeruzalemu.

U gradu Novom Jeruzalemu, gdje svjetlost Božje slave svijetli, zvuk hvale anđela se lagano čuje. Zlatna cesta ide između zgrada koje su izgrađene sa zlatom i dragim kamenjem i odaju prekrasna svjetla. Savršeno održavana zelena polja, travnjaci, stabla i prekrasno cvijeće je savršeno uklopljeno.

Rijeka vode života, koja je čista kao kristal, tiho teče. Fini pijesak leži na obali rijeke. Na zlatnim plažama su postavljene košare koje sadrže plodove sa stabla života. U daljini se može vidjeti more koje je kao staklo. Na moru se nalazi prekrasni kruzer koji je načinjen od mnogih vrsta dragulja.

Ljudima koji uđu u to mjesto mnogi anđeli služe i oni uživaju u autoritetu kralja. Oni mogu letjeti na nebu jašući sjajne oblake kao automobile. Oni uvijek vide Gospoda u blizini i uživaju u nebeskoj gozbi sa slavnim prorocima.

U dodatku, u Novom Jeruzalemu postoje nebrojene vrijedne i prekrasne stvari koje se ne mogu vidjeti na ovoj zemlji. Svaki kut je scena koja oduševljava osjetila.

Prema tome, mi ne bismo trebali ostati na nivou koji jedva prima spasenje, nego imati više siromašnog duha i promijeniti se potpuno sa riječi, tako da ćemo mi ući u grad Novi Jeruzalem, najljepše mjesto prebivanja na nebu.

Blizina Boga u našem blagoslovu

Kada postanemo siromašni u duhu, mi nećemo samo susresti Boga i primiti spasenje, nego ćemo također primiti autoritet kao djeca Boga i druge blagoslove. Dopusti mi da ti dam svjedočenje starješine u crkvi. On je patio od „bolesti zagađenja" ili drugačije zvano „bolest koja je opasna za javnost," ali je primio blagoslove siromaštva u duhu.

Prije otprilike deset godina, on je morao uzeti privremen odmor od svojeg posla zbog bolesti. Mnogo je puta imao nagon okončati svoj život zbog ozbiljnih osjećaja bespomoćnosti. Jer on nije mogao vidjeti nikakvo svjetlo nade i znao je da on sam nije mogao učiniti ništa, on je imao siromašan duh.

U međuvremenu, on je otišao u knjižaru i slučajno, jedna knjiga mu je zapela za oko. To je bila Kušati vječan život prije smrti. To je bila knjiga o mojem svjedočanstvu i sjećanjima. Ja sam bio ateist i lutao sam oko praga smrti zbog sedmogodišnjeg perioda bolesti koja se nije mogla izliječiti ljudskim metodama. Ali Bog je došao do mene i susreo me.

Čovjek je osjetio da je moj život bio jako sličan sa njegovim i on je kupio knjigu osjećajući se privučen nekom silom. On ju je pročitao preko noći i prolio mnogo suza. On je bio uvjeren da bi se on mogao izliječiti i prijavio se u našu crkvu.

Od tada, on je izliječen svoje bolesti sa moći Boga i mogao se vratiti na posao. Mnogi njegovi kolege i nadređeni ga hvale. On je primio blagoslov napretka. Nadalje, on je evangelizirao više od sedamdeset ljudi među svojim rođacima. Kako će velika biti njegova nebeska nagrada!

Psalam 73:28 govori, *„A za mene je dobro blizina Božja; u Svemogućega Gospoda stavljam samo svoje uzdanje, da opijevam sva djela tvoja."*

Ako smo uzeli prvi blagoslov među Blaženstvima tako da smo blizu Bogu, mi bismo trebali postati duhovna djeca, strastvenije voljeti Boga i propovijedati evanđelje onima koji su siromašni duhom. Ja se nadam da ćeš ti potpuno posjedovati Blaženstvo koje je Bog ljubavi i blagoslova pripremio za tebe.

Poglavlje 2
Drugi blagoslov

Blagoslovljeni su žalosni!
Oni će se utješiti

Po Mateju 5:4

Blagoslovljeni su žalosni!
Oni će se utješiti.

Bila su dva prijatelja koja su se jako puno voljela. Oni su se brinuli jedan za drugoga i voljeli su se tako puno da su mogli žrtvovati svoje živote jedan za drugog. Ali jedan dan, jedan od njih je umro u borbi. Onaj koji je ostao žalovao je do jutra jer mu je prijatelj nestao.

„Žao mi je za tobom, brate moj, Jonatan! Kako si mi bio drag! Viša mi je bila ljubav tvoja od ljubavi ženske."

Taj čovjek je uzeo sina svojeg prijatelja i pazio je na njega kao da je to njegov sin. To je priča o Davidu i Jonatanu, objašnjena u 2. Samuelovoj poglavlje 1.

Dok mi živimo u ovom svijetu, mi se suočavamo sa mnogo tužnih stvari kao smrt voljenih, bolovi bolesti, nevolje u ljubavi, financijske probleme i slično. Nije pretjerivanje reći da je život nastavak tuge.

Tjelesno žalovanje, nije volja Boga

U ljudskoj povijesti, mi pronalazimo ratove, terorizam, glad i druge katastrofe koje su se dogodile na nacionalnim nivoima. Isto tako, postoje mnoge tužne stvari i problemi koji se događaju na osobnom nivou.

Neki su u tuzi zbog financijskih poteškoća, a drugi pate od boli bolesti. Neki imaju slomljeno srce jer njihovi planovi nisu ispunjeni i drugi prolijevaju gorke suze jer su ih voljeni izdali.

Ova vrsta žalovanja koja je prouzrokovana tužnim

okolnostima je tjelesno žalovanje. To dolazi od zlih emocija osobe. To nikad nije volja Boga. Ovu vrstu tjelesnog žalovanja Bog ne može utješiti.

Ali radije, Biblija nam govori da je volja Boga za nas da se uvijek radujemo (1. poslanica Solunjanima 5:16). Isto tako, Bog nam govori u Poslanici Filipljanima 4:4 *„Radujte se svagda u Gospodinu; opet velim, radujte se!"* Mnogi Biblijski stihovi nam govore da se radujemo.

Neki se mogu čuditi misleći, „Mogu se radovati kada se imam zašto radovati, ali dok ja patim od mnogih problema, bolova i poteškoća, kako ću se radovati?"

Ali mi se možemo radovati i davati hvalu jer smo mi već postali Božja djeca koja su spašena i primila obećanje nebeskog kraljevstva. Isto tako, kao Božja djeca, kada mi pitamo, On će čuti i riješiti naše probleme. Jer mi vjerujemo u tu činjenicu, mi se sigurno možemo radovati i davati hvalu.

Ovo je priča o velečasnom dr. Myong-ho Cheongu, koji je misionar naše crkve u Africi, propovijeda evanđelje na tako puno susreta u pedeset i četiri Afričke države. Prije otprilike deset godina, on je dao otkaz na poslu fakultetskog profesora i otišao u Afriku kao misionar. Uskoro, njegov jedini sin je umro.

Mnogi crkveni članovi su ga tješili, ali on je samo davao hvalu Bogu i radije tješio crkvene članove. On je bio zahvalan jer mu je Bog uzeo njegovog sina u nebesko kraljevstvo gdje nema suza, tuge, boli ili bolesti i jer je on imao nade da će vidjeti sina na nebu, on se mogao radovati.

Isto tako, ako imamo vjere, mi nećemo tjelesno žalovati i ne biti u mogućnosti prevladati naše tužne emocije zbog nekih tužnih stvari. Mi ćemo se moći radovati u bilo kojoj situaciji.
Čak i ako susretnemo određeni problem, ako dajemo hvalu i molimo se sa vjerom, Bog radi videći našu vjeru. On će raditi za dobro u svemu i prema tome, pravoj djeci Boga, fizička tuga neće ništa značiti.

Bog želi duhovno žalovanje

Ono što Bog želi nije tjelesno žalovanje nego duhovno žalovanje. Po Mateju 5:4 piše, *"Blagoslovljeni su žalosni,"* i ovdje „žalovanje" znači duhovno žalovanje za kraljevstvo i pravednost Boga. Onda, kakve vrste duhovnog žalovanja postoje?

Prvo, postoji žalovanje iz pokajanja.

Kada mi vjerujemo u Isusa Krista i prihvatimo Ga kao našeg Spasitelja, mi shvaćamo iz srca, sa pomoći Duha Svetog, da je On umro na križu za naše grijehe. Kada mi osjetimo ovu ljubav Isusa, mi ćemo imati žalovanje pokajanja, pokajavajući naše grijehe sa suzama i jecajući.

Pokajanje je okrenuti se od življenja u grijehu kada mi nismo znali Boga i živjeti prema riječi Boga. Kada mi imamo žalovanje pokajanja, breme grijeha će biti uzdignuto i mi ćemo moći iskusiti da radost izlazi iz našeg srca.

Prošlo je više od 30 godina ali ja se još uvijek jasno sjećam prvog susreta oživljavanja koji sam posjetio nakon susreta sa Bogom. Ondje, ja sam imao tako puno žalovanja pokajanja sa suzama i jecajući, slušajući riječi Boga.

Čak i prije nego što sam sreo Boga, ja sam se ponosio sa sobom jer sam živio pravedan i dobar život. Ali slušajući riječi Boga, gledajući svoj prošli život, ja sam pronašao da ima tako puno neistinitih stvari. Kada sam pokidao svoje srce u pokajanju, moje se tijelo osjećalo tako lako i osvježeno kao da sam letio. Također sam dobio samouvjerenost da mogu živjeti prema riječi Boga. Od tog vremena na dalje ja sam prestao pušiti i piti i počeo sam čitati Bibliju i pohađati zornice.

Čak i nakon primanja milosti slušanja žaljenja pokajanja, mi možemo imati još druge stvari za žalovanje u našim kršćanskim životima. Jednom kad smo postali Božja djeca, mi moramo odbaciti grijehe i živjeti sveti život prema riječi Boga. Ali dok ne dosegnemo odraslu mjeru vjere, mi još nismo savršeni i mi ponekad počinjavamo grijehe.

U ovoj situaciji, ako mi volimo Boga, bit će nam žao pred Bogom i temeljno ćemo se pokajati govoreći, „Bože, pomozi mi da se ovakva vrsta stvari više ne dogodi. Daj mi snage da prakticiram Tvoju riječ." Kada mi imamo ovu vrstu žalovanja, snaga za odbacivanje grijeha će doći odozgor. Prema tome, kako je veličanstven blagoslov žalovati!

Neki vjernici uzastopno čine iste grijehe i iznova se kaju. To je slučaj gdje je promjena jako spora ili gdje nema promjene. To je zato što se oni zapravo ne pokaju iz dubine svojeg srca, iako oni mogu reći da imaju žalovanje pokajanja.

Pretpostavimo da se mlada osoba druži sa lošim prijateljima i čini puno loših stvari. On traži oprost od svojih roditelja, ali nastavlja činiti iste stvari. Onda, to nije pravo pokajanje. On se mora okrenuti, prestati se družiti sa lošim prijateljima i puno učiti. Samo se tada to može smatrati pravo pokajanje.

Isto tako, mi ne bismo trebali nastaviti činiti iste grijehe, samo se pokajavati sa riječima, nego rađati plodove pokajanja pokazujući prava djela (Po Luki 3:8).

Nadalje, kako naša vjera raste i postajemo vođe u crkvi, mi ne bismo više trebali imati žalovanje pokajanja. To ne znači da mi ne bismo trebali žalovati čak i nakon počinjenja grijeha. To znači da mi trebamo odbaciti grijehe tako da se nema za što žaliti.

Kada mi ne ispunimo naše dužnosti, mi također žalimo u pokajanju. 1. poslanica Korinćanima 4:2 kaže, „*I ovdje se od upravitelja traži, da se tko vjeran nađe.*" Pa, mi moramo biti vjerni i rađati dobre plodove u našoj dužnosti. Ako mi to ne učinimo, mi moramo imati žalovanje pokajanja.

Jedna važna stvar ovdje je ako se mi ne pokajemo i okrenemo kada ne ispunjavamo naše dužnosti, to može postati zid grijeha protiv Boga i posljedično neće nas Bog štititi. To je nešto kao starije dijete koje se još ponaša kao beba i mora ga se koriti svo vrijeme.

Ali ako se pokajemo i žalimo iz dubine našeg srca, Bogom dana radost i mir će doći na nas. Bog će nam također dati samouvjerenost da mi to možemo učiniti. On nam daje snagu ispuniti naše dužnosti. To je utjeha koju Bog daje svima koji žale.

Slijedeće, postoji žalovanje za braću u vjeri.

Ponekad, braća u vjeri čine grijehe i idu putem smrti. U tom slučaju, ako mi imamo milosti, mi ćemo imati tjeskobu i biti ćemo zabrinuti za tu braću. Pa ćemo mi žalovati kao da su to naše stvari. Mi ćemo se čak i pokajati za njih i moliti se sa ljubavi tako da oni mogu djelovati sa istinom.

Mi možemo imati ovu vrstu žalovanja i suznih molitvi pokajanja u njihovu korist samo kada mi imamo pravu ljubav za te duše. Bog se raduje sa tom vrstom molitvi sa pokajanjem i daje nam Svoju utjehu.

U suprotnom, postoje ljudi koji sude i osuđuju druge i daju teško vrijeme drugima radije nego da žale i mole za njih. Isto tako, neki ljudi šire grešnosti drugih ljudi i to nije pravedno u vidu Boga. Mi moramo pokriti mane drugih sa ljubavi i moliti se za njih da ne počine grijeh.

Mučeništvo Stjepana je zapisano u Djelima apostolskim poglavlje 7. Židovi su bili uvrijeđeni sa porukom koju je Stjepan propovijedao. Kada je on rekao da su njegove duhovne oči otvorene i da je on vidio kako Gospod Isus stoji u desnoj ruci Boga, oni su ga kamenovali na smrt.

Čak i dok je bio kamenovan, Stjepan se molio sa ljubavi za te zle ljude koji su ga kamenovali.

> *Tako kamenovaše Stjepana. A on se je molio i govorio: „Gospodine Isuse, primi duh moj! Tada je padajući na koljena te zazvao Gospoda sa glasnim glasom, 'Gospodine, ne uzimaj im ovo za grijeh.' To rekavši usnu"* (Djela Apostolska 7:59-60).

Kakva su bila djela Židova? On je primio sve poruke i progone kad je On razapet, a ipak On se molio za one koji su Ga razapinjali govoreći *„Oče, oprosti im; jer ne znadu, što čine"* (Po Luki 23:34).

Dok je trpio bolove križa i iako je On bio potpuno nevin, On se svejedno molio za oprost od grijeha onih koji su Ga razapinjali. Kroz ovo, mi možemo razumjeti kako je duboka, široka i velika ljubav Isusa za duše. Ovo je ispravna vrsta srca u vidu Boga. To je srce sa kojim mi možemo primiti blagoslove.

To je također žalovanje za spas više duša.

Kada Božja djeca vide one koji su ukaljani sa grijehom ovog

svijeta i idu putem uništenja, oni moraju imati suosjećanje sa ljubavi želeći milost za njih. Danas, grijeh i zlo prevladava baš kao u vrijeme Noe. Ta je generacija kažnjena poplavom. Sodoma i Gomora su kažnjeni vatrom.

Prema tome, mi trebamo žaliti za našim roditeljima, braćom i sestrama, rođacima i susjedima koji još nisu spašeni. Isto tako, mi trebamo žaliti za našu zemlji i ljude, crkve i o stvarima koje remete kraljevstvo Boga. To znači da mi trebamo žaliti za spas duša.

Apostol Pavao se uvijek brinuo i žalio za kraljevstvo i pravednost Boga i duše. On je bio progonjen i prošao je kroz mnoge poteškoće pripovijedajući evanđelje. On je čak bio i u zatvoru. Ali on nije žalio zbog svoje osobne patnje, nego je samo hvalio i molio se Bogu (Djela apostolska 16:25). Ali za kraljevstvo Boga i duše, on je još više žalio.

> *Osim, što inače bude navaljivanje ljudi k meni svaki dan, briga za sve crkve. Tko oslabi, i ja da ne oslabim? Tko se spotiče, i ja da se ne raspalim?* (2. poslanica Korinćanima 11:28-29).

> *Zato bdijte sjećajući se, da tri godine noć i dan nijesam prestajao sa suzama opominjati svakoga od vas* (Djela apostolska 20:31).

Kada vjernici ne stoje čvrsto na riječi Boga ili kada crkva ne otkriva slavu Boga, ljudi kao Pavao će žaliti i brinuti se za njih.

Isto tako, kada su oni progonjeni u ime Gospoda, oni ne žale jer je njima teško. Oni radije žale za duše drugih ljudi. Nadalje, kada oni vide kako svijet sve više i više pada u tamu, oni žale i mole se da će se slava Boga otkriti još više i da se još više ljudi spasi.

Potreba za duhovnom ljubavi da bi se duhovno žalilo

Sada, što bismo trebali činiti da duhovno žalimo, što je ono što Bog želi? Da bi duhovno žalili, iznad svega, mi moramo imati duhovnu ljubav u nama.

Kao što je rečeno po Ivanu 6:63, *"Duh je ono, što oživljava, tijelo ne koristi ništa,"* samo vrsta ljubavi koju Bog prepoznaje daje život i u mogućnosti je voditi ljude na put spasenja. Iako se netko čini da ima puno ljubavi, ako je njegova ljubav daleko od istine, to je samo tjelesna ljubav.

Ljubav se može kategorizirati u tjelesnu ljubav i duhovnu ljubav. Tjelesna ljubav je ljubav koja traži svoju korist. To je beznačajna ljubav koja se konačno mijenja i nestaje. U drugu ruku, duhovna ljubav se nikad ne mijenja. To je ljubav unutar riječi Boga koji je istina. To je prava ljubav koja traži korist drugoga dok se sama žrtvuje.

Duhovna ljubav se ne može uzeti sa ljudskom snagom. Samo kada mi prepoznamo ljubav Boga i boravimo u istini mi možemo imati takvu ljubav. Ako mi imamo duhovnu ljubav koja je ljubav koja može voljeti čak i naše neprijatelje i dati svoj život za drugog, onda će nam Bog dati bogate blagoslove. Sa ovom ljubavi, mi možemo davati život gdje god odemo i mnogi ljudi će se vratiti Gospodu.

Prema tome, kada mi imamo duhovnu ljubav u našem srcu, mi možemo žaliti za umirućim dušama i moliti se za njih. Sa ovom ljubavi, čak i ljudi sa otvrdnutim srcima će se promijeniti i to može dati život i vjeru.

Oci vjere koje je Bog volio su imali tu vrstu duhovne ljubavi i oni su se molili za duše koje su išle na put uništenja. Oni su se molili sa suzama i žalili za kraljevstvom i pravednosti Boga. Oni nisu samo prolijevali suze, nego su se brinuli za druge duše dan i noć, bili su vjerni u svojim dužnostima koje su im dane.

To je stvarno duhovno žaljenje samo kada ju slijede djela propovijedanja riječi, molitva i briga za duše sa ljubavi za njih. Ako mi imamo duhovnu ljubav, mi ćemo također imati duhovno žalovanje za Božje kraljevstvo i Njegovu pravednost.

Onda, kao što je rečeno po Mateju 6:33, *„Tražite najprije kraljevstvo Božje i pravdu njegovu, i ovo će vam se sve dodati,"* duh i duša će se promijeniti, kraljevstvo Boga će se ostvariti i druge potrebne stvari će Bog u izobilju pripremiti.

Blagoslovi dani onima koji žale

Kao što je rečeno po Mateju 5:4 *"Blagoslovljeni su žalosni! Oni će se utješiti,"* ako mi duhovno žalimo, nas će Bog tješiti.

Utjeha koju nam Bog da je drugačija od utjehe koju nam ljudi mogu dati. 1. Ivanova poslanica 3:18 govori, *"Dječice, ne ljubimo riječju ni jezikom, nego djelom i istinom."* Kao što je Bog rekao, On nas ne tješi samo sa riječima nego sa materijalnim stvarima također.

Onima koji su siromašni, Bog daje financijske blagoslove. Onima koji pate od bolesti, Bog daje zdravlje. Onima koji se mole za srčane bolesti, Bog daje odgovore.

Isto tako, onima koji žale jer nemaju dovoljno snage ispuniti svoje dužnosti, Bog daje snage. Onima koji žale za duše, Bog daje plodove evangelizacije i oživljenja. Nadalje, onima koji kidaju svoje srce i žale za odbacivanje grijeha, Bog im daje milost oprosta od grijeha. Isto tako, do mjere u kojoj su odbacili grijehe i postali posvećeni, Bog ih blagoslivlja prikazivanjem velikih i moćnih radova Boga kao što je to bio slučaj sa apostolom Pavlom.

Prije nekoliko godina, ja sam prošao kroz velike poteškoće u kojima je postojanje crkve bilo ugroženo. Morao sam žaliti tako puno zbog ljudi koji su donijeli iskušenja crkvi i za one članove koji su bili nevini i svejedno progonjeni. Zbog članova koji su imali slabu vjeru i napustili crkvu, ja nisam mogao čak ni jesti niti spavati.

Jer sam znao kako je veliki grijeh remetiti crkvu Boga, ja sam prolio mnogo suza misleći o dušama koje su donijele probleme crkvi. Posebno, kada sam vidio duše koje su upravo čule lažne glasine, napustile crkvu i stajale protiv Boga, ja sam morao žaliti jako puno osjećajući odgovornost jer se nisam dobro brinuo o njima.

Izgubio sam puno na težini i bilo mi je teško čak i hodati. Još uvijek sam morao propovijedati tri puta na tjedan. Ponekad mi se tijelo treslo, ali zbog moje zabrinutosti za crkvene članove, ja sam ostao na svojem mjestu. Bog je vidio ovo moje srce i kad god bih se molio, On me tješio govoreći, „Volim te. Ovo je radije blagoslov."

Blagoslov primiti Božju utjehu

Kada je vrijeme došlo, Bog je riješio svaki od nesporazuma jedan za drugim i to je bila šansa za naše crkvene članove da narastu u vjeri. Bog je počeo pokazivati tako veličanstvene radove Svoje moći koje se nisu mogle usporediti ni sa čim što se prije dogodilo. On nam je pokazao brojne znakove i čuda i veličanstvene stvari.

On je spasio crkvu od uništenja i On nam je umjesto toga dao blagoslov crkvenog preporoda. On je također širom otvorio put svjetske misije. U prekomorskim pohodima, On je poslao stotine, onda tisuće i milijune ljudi da se skupe, čuju evanđelje i prime spasenje. Kakva je to nagrada i radost bila!

„Indijski festival čudesnog liječenja molitvom 2002." je održan na drugoj najvećoj plaži na svijetu, Marina plaža, Indija. Pohodilo je tome otprilike ukupno više od 3 milijuna ljudi. Mnogi od njih su izliječeni i brojni su hindusi preobraćeni.

Božja utjeha dolazi u blagoslovima koji se ne mogu zamisliti. On nam daje ono što najviše trebamo i više nego dovoljno. On nam također daje nagrade u nebeskom kraljevstvu i prema tome to je pravi blagoslov.

Otkrivenje 21:4 govori, *„I otrt će Bog svaku suzu od očiju njihovih, i smrti neće biti više, ni tuge, ni vike, ni boli neće biti više, jer prvo prođe."* Kao što je rečeno, Bog nam vraća sa slavom i nagradama na nebu gdje nema suza, tuge i boli.

Nebeske kuće onih koji uvijek žale i mole se za kraljevstvo Boga i Njegovu crkvu će imati stvari od zlata, mnogo drago kamenje i druge nagrade. I posebno, biti će ukrašeni sa velikim i svijetlim biserima. Dok svaki biser nije napravljen, školjka mora izdržati veliku bol i mučenje dugo vremena i lučiti kristaliziranu tvar, dajući sebe da bi stvorila biser.

Na isti način, dok smo mi kultivirani na ovoj zemlji, ako mi prolijevamo suze da bi se promijenili i molimo se sa žaljenjem za kraljevstvo Boga i druge duše Bog će nas utješiti sa biserom koji simbolizira sve te stvari.

Prema tome, nemojmo žaliti na tjelesni način, nego duhovno i samo za kraljevstvo Boga i druge duše. Čineći to Bog će nas utješiti i također ćemo primiti vrijedne nagrade u nebeskom kraljevstvu.

Poglavlje 3
Treći blagoslov

Blagoslovljeni su krotki!
Oni će posjedovati zemlju

Po Mateju 5:5

Blagoslovljeni su krotki!
Oni će posjedovati zemlju.

Kada je Lincoln bio nepoznati odvjetnik u svojim mladim danima, postojao je odvjetnik imenom Edwin M. Stanton koji nije uopće volio Lincolna. Jednom, Stantonu je rečeno da mora uzeti slučaj sa Lincolnom i on je zalupio vratima i otišao.
„Kako ću ja raditi sa ovim seoskim odvjetnikom?"

Kako je vrijeme prolazilo, kada je izabrani predsjednik Lincoln formirao vladu, on je imenovao Stantona kao dvadeset sedmog ministra rata Sjedinjenih Država. Lincolnovi savjetnici su bili iznenađeni i pitali su ga da se predomisli. To je napravio jer je Stantnon jednom javno kritizirao Lincolna govoreći da bi bila „nacionalna katastrofa" da se Lincoln izabere kao predsjednik.
„Što smeta ako gleda s visoka na mene? On ima jak osjećaj dužnosti i on ima sposobnosti prevladati teške situacije. On je i više nego kvalificiran biti ministar rata."
Lincoln je imao srce koje je i široko i blago. On je bio u mogućnosti shvatiti i prihvatiti čak i osobu koja ga je kritizirala. Konačno, čak ga je i Stanton počeo poštovati i kada je on umro, on je primijetio za Lincolna govoreći, „Lincoln je bio najsavršeniji vladar ljudi koje je svijet ikad vidio."

Isto tako, radije nego ne voljeti i izbjegavati osobu koja nas ne voli, promijeniti ga i izvući njegove dobre osobine je prikazivanje dobrog i blagog srca.

Duhovna blagost koju Bog prepoznaje

Generalno, ljudi kažu da je biti povučen, plašljiv, krotak i imati nježan i mek temperament znači biti blag. Ali Bog kaže da oni koji su blagi sa vrlinom su zapravo blagi.

Ovdje, „vrlina" znači „stvari koje su ispravne, čestite i ispravnog srca." Imati vrlinu u Bogu je djelovati ispravno u prikazivanju kontrole sa drugim ljudima, imati dostojanstvo i biti opremljen u svim aspektima.

Blagost i vrlina se čine sličnim, ali postoji jasna razlika. Blagost je više unutarnja dok je vrlina kao odjeća izvana. Čak i ako je netko velika osoba, ako ne nosi ispravnu odjeću, to će srušiti njegov izgled elegancije i digniteta. Slično tomu, ako nemamo vrlinu zajedno sa blagosti, to ne može biti savršenost. Isto tako, čak i ako se čini da imamo vrlinu, ako nemamo blagost iznutra, to je bezvrijedno. To je kao ljuska od oraha koja nema ništa unutra.

Duhovna blagost koju Bog može prepoznati nije samo imati blag karakter, to je također imati vrlinu. Onda, mi ćemo moći imati široko srce koje može prihvatiti mnogo ljudi kao veliko stablo koje daje veliku sjenu u kojoj se ljudi odmaraju.

Jer je Isus bio blag, On se nije svađao ili vikao i Njegov zvuk se nije čuo na ulici. On se ponašao prema dobrim i zlim ljudima sa istim srcem i prema tome, mnogo ljudi ga je slijedilo.

Vrlina prihvatiti mnogo ljudi

U Korejskoj prošlosti postojao je kralj koji je imao blag karakter. To je bio Sejong Veliki. On nije imao samo blag karakter nego je također imao vrlinu. Njega su njegovi ministri i ljudi voljeli. U njegovo vrijeme, bilo je velikih učenjaka kao što su Hwang Hee i Maeng Sa Sung. Najvažnije, on je ostvario stvaranje „Han-gul," korejske abecede.

On je reformirao medicinski sustav i također setove metalnih tipova. On je postavio mnoge vrste ljudi u različitim područjima uključujući glazbu i znanost i ostvario veličanstvena kulturna ostvarenja. Pa vidiš da ako osoba posjeduje blagost sa vrlinom, mnogi ljudi se mogu odmarati u njemu i plod je također prekrasan.

Oni koji su blagi mogu prihvatiti čak i one koji imaju drugačije ideje i obrazovanje. Oni ne sude ili osuđuju sa zlom u bilo kojoj stvari. Oni shvaćaju sa stajališta druge osobe u bilo kojoj situaciji. Njihovo se srce može opisati kao meko i ugodno koje traži služiti druge sa poniznosti.

Ako bacimo kamen na dio tvrdog metala, učiniti će veliku buku. Ako bacimo kamen na staklo, ono će puknuti. Ali ako bacimo kamen na hrpu pamuka, neće učiniti buku ili puknuti, jer će pamuk obuhvatiti kamen.

Isto tako, onaj koji je blag neće odbaciti čak i one koji imaju slabu vjeru ili djeluju zlo. On će čekati do kraja da bi se oni promijenili i vodio ih do boljeg. Njegove riječi neće biti glasne ili lomljive, nego blage i nježne. On neće pričati beznačajne stvari nego samo riječi istine koje su potrebne.

Isto tako, čak i ako ga drugi mrze, on ih neće uvrijediti ili imati loše osjećaje protiv njih. Kada on primi savjet ili prijekor, on će ga radosno prihvatiti da bi se unaprijedio. Ova vrsta osobe neće imati problema sa bilo kojom drugom osobom. On će shvaćati mane drugih i prihvatiti ih, tako da će on pridobiti srca mnogih.

Kultivirati srca i činiti dobro tlo

Da bi mi imali duhovnu nježnost, mi moramo pokušavati marljivo kultivirati polje našeg srca. Po Mateju poglavlje 13, Isus nam daje usporedbu o četiri različite vrste polja, povezujući ih sa našim srcem.

U polju pored otvrdnutog puta, svako sjeme koje je palo na njega neće moći niknuti i zakorijeniti se. Takvo srce neće imati vjere čak ni nakon slušanja riječi Boga. Osoba koja ima ovakvu vrstu srca je tvrdoglava; ne otvara svoje srce čak ni nakon slušanja istine, pa ona ne može sresti Boga. Čak i ako pohađa crkvu, ona samo ide u crkvu. Riječ nije posađena u nju, pa njena vjera ne može niknuti, zakorijeniti se i rasti.

Kamenito tlo može izniknuti sjeme koje je palo na njega, ali rod iz tog sjemena ne može rasti zbog kamenja. Osoba koja ima takvo srce nema uvjerenje vjere čak ni nakon slušanja riječi. Kada su testirani, oni propadaju i padaju. Ona zna Boga i također prima punoću Duha, pa je ona bolja od tla „pored puta." Ali, jer njeno srce ne kultivira istinu, vene, umire i nema djela koje slijede kultivaciju.

U trnovitom polju, sjeme može niknuti i narasti, ali zbog trnja, ne može roditi plodove. Osoba koja ima takvo srce ima svoje želje, požudu za novcem, brige ovog svijeta i svoje vlastite planove i misli, pa ona ne može iskusiti moć Boga u svakoj stvari.

Na dobrom polju, sjeme može narasti i roditi plod koje je trideset, šezdeset ili stotinu puta više od izvornog ploda. Osoba koja ima ovakvo srce će slušati samo sa „Da" i „Amen" riječ Boga koju ona čuje, tako da ona može roditi obilan plod u svakoj stvari. Ovo je vrsta srca dobrote koju Bog priželjkuje.

Sada pogledajmo kakvog je karaktera naše srce. Naravno, teško je napraviti točne razlike između različitih srca, bilo pored puta, na kamenitom tlu, u trnovitom polju ili dobro tlo kao da ih mjerimo na vagi. „Pored puta" može također imati malo kamenitog tla, te čak i ako imamo nešto dobrog tla, neistine koje su kao kamenje mogu biti smještene u našem srcu kako mi rastemo.

Ali bez obzira kakvu vrstu polja srca imamo, ako ga marljivo kultiviramo, mi možemo napraviti dobro tlo. Slično tomu, važnija stvar od toga kakvu vrstu srca imamo jer kako marljivo pokušavamo kultivirati naše srce.

Baš kao što ratar miče kamenje, čupa korov i gnoji polje da bi ga učinio dobrim poljem dok se nada obilnoj žetvi, ako mi otklonimo sve oblike zla kao što su mržnja, zavist, ljubomora, svađe, suđenje i osuđivanje iz našeg srca, mi možemo imati dobro polje srca koje je bogato sa dobrotom i nježnog karaktera.

Moli se sa vjerom do kraja i odbaci zlo

Da bi mi kultivirali naše srce, prvo mi moramo imati bogosluženje u duhu i u istini da bi slušali riječ i shvatili je. Isto tako, čak i u poteškoćama, mi se uvijek moramo radovati, kontinuirano se moliti i davati hvalu u svim okolnostima zajedno sa trudom odbacivanja zla iz našeg srca.

Ako mi pitamo za snagu Boga kroz vatrene molitve i pokušavamo živjeti prema riječi, onda mi možemo primiti milost i snagu Boga i pomoć Duha Svetog, tako da mi možemo brzo odbaciti zlo.

Čak i ako je tlo jako dobro, ako smo spori sa sadnjom i ne brinemo se za plod, onda, mi nećemo imati nikakvu žetvu. Isto tako, važna stvar je ta da mi ne bismo trebali pokušati jednom ili dva puta i onda stati, nego se moliti sa vjerom do kraja. Jer je vjera građa stvari za koje se nadamo (Poslanica Hebrejima 11:1), mi moramo marljivo pokušavati i moliti se sa vjerom. Samo tada ćemo mi moći obilno požeti.

Isto tako, u procesu odbacivanja oblika zla iz našeg srca, mi možemo misliti da moramo odbaciti zlo do neke mjere, ali onda se može činiti da zlo samo ponovno izlazi na površinu. To je baš kao kad gulimo luk. Čak i nakon što ogulimo sloj nekoliko puta, još uvijek ima istu vrstu kože. Ali ako ne odustanemo nego nastavimo odbacivati zlo do kraja, mi ćemo u konačnici imati blago srce koje nema zla u sebi.

Blagost Mojsija

Dok je Mojsije vodio Izraelce do zemlje Kaanan tijekom četrdeset godina Izlaska on je susreo mnogo teških situacija.

Samo odraslih muškaraca je bilo 600000. Uključujući žene i djecu, broj je sigurno prelazio dva milijuna ljudi. On je morao voditi toliko puno ljudi četrdeset godina u divljini gdje nema hrane i vode. Mi možemo zamisliti koliko je teških prepreka morao prevladati!

Bila je Egipatska vojska koja ih je slijedila (Izlazak 14:9) a ispred je bilo Crveno more. Ali Bog je otvorio Crveno more za njih tako da ga oni mogu preći kao na suhoj zemlji (Izlazak 14:21-22).

Kada nije bilo pitke vode, Bog je prouzrokovao da voda poteče iz kamena (Izlazak 17:6). Bog je također promijenio gorku vodu u slatku vodu (Izlazak 15:23-25). Kada nije bilo hrane, Bog je poslao manu i prepelica da bi ih nahranio (Izlazak poglavlje 14-17).

Čak i kad su svjedočili moći živog Boga, Izraelci su prigovarali protiv Mojsija svaki put kad je bilo poteškoća.

> *Sinovi Izraelovi rekoše im: „Radije bismo ipak bili pomrli od ruke Gospodnje u zemlji egipatskoj, kad smo sjedili kod lonaca svojih s mesom i jeli do sitosti. A vi nas odvedoste u ovu pustinju, da pomorite svu zajednicu glađu"* (Izlazak 16:3).

> *Ali narod, koji je ondje hlepio za vodom, mrmljao je i dalje proti Mojsiju i govorio: „Zašto nas izvede iz Egipta? Zar da nas, djecu našu i stoku našu pomoriš žeđu?"* (Izlazak 17:3).

> *I mrmljali ste u Šatorima svojim ovako: „U zloj namjeri odvede nas Gospod iz zemlje egipatske, da nas preda u ruke Amorejima, da nas oni unište"* (Ponovljeni zakon 1:27).

Neki od njih su čak pokušali kamenovati Mojsija. Mojsije je morao ostati sa ovakvim ljudima četrdeset godina, učeći ih sa istinom i vodeći ih do zemlje Kaanan. Samo sa ovom činjenicom, mi možemo zamisliti nivo njegove blagosti.

Zbog toga ga Bog hvali u Brojevima 12:3 *„A Mojsije bio je čovjek veoma blag, blaži od svih ljudi na zemlji."*

Ali nije da je Mojsije imao takvu blagost iz početka. On je imao temperament ubiti Egipćanina koji je maltretirao Hebrejskog muškarca. Također je imao veliko samopouzdanje jer je bio princ Egipta. Ali on se ponizio i potpuno spustio dok se brinuo za stada u pustinji Midjan četrdeset godina.

Zbog svojeg ubojstva Egipćanina morao je napustiti palaču faraona i postati bjegunac. On je konačno shvatio da ne može ništa učiniti sa svojom moći dok je on živio u divljini. Ali, nakon što je proveo to vrijeme pročišćenja, on je postao tako blaga osoba da je mogao bilo koga prihvatiti.

Razlika između tjelesne i duhovne blagosti

Obično, oni koji su blagi u tjelesnom smislu su tihi i mirnog karaktera. Oni ne žele nikakvu vrstu glasnih zvukova ili zvukova loma.

Pa, mi možemo vidjeti da su oni ponešto neodlučni čak i sa neistinama. Kada oni imaju nekakvu neugodnu situaciju, oni ju mogu potisnuti iznutra, ali oni pate u srcu. Kada situacija pređe limit onoga što mogu tolerirati, oni mogu eksplodirati i iznenaditi mnoge ljude. Isto tako, u njihovim dužnostima, oni nemaju strasti biti vjerni do kraja pa oni ne rađaju plodove.

U ovom smislu biti miran i povučen u karakteru nije vrsta blagosti sa kojom se Bog raduje. Ljudi mogu misliti da je ovo blagost, ali u vidu Boga, koji pretražuje srce, ovaj karakter se ne može prepoznati kao blagost.

Ali oni koji ostvare duhovnu blagost srca odbacujući neistine iz srca će roditi obilan plod u različitim aspektima evangelizma i oživljenja, baš kao što dobro tlo može proizvesti obilnu žetvu.

Isto tako, duhovno, oni će roditi plodove Svjetla (Poslanica

Efežanima 5:9) plodove duhovne ljubavi (1. poslanica Korinćanima poglavlje 13:4-7) i plod Duha Svetog (Poslanica Galaćanima 5:22-23). Na ovaj način, oni postaju ljudi duha, pa oni brzo dobivaju odgovore na svoje molitve.

Iznad svega, oni koji su duhovno blagi su snažni i hrabri u istini. Kada oni moraju učiti sa istinom, oni mogu biti strogi u učenju. Kada oni vide te duše koje čine grijehe pred Bogom, oni također mogu imati snage i hrabrosti ih prekoriti i ispraviti sa ljubavi tko god to bio.

Na primjer, Isus je bio najblaži od svih, ali o stvarima koje nisu bile prema istini, On je oštro prekoravao ljude. To jest, On nije tolerirao kaljanje Božjeg Hrama.

> *U hramu zateče trgovce, što su prodavali volove, ovce i golubove, i mjenjače, što su bili ondje posjedali. Tada on splete od užeta bič i istjera iz hrama sve zajedno s ovcama i volovima. Mjenjačima prosu novce i isprevrnu stolove njihove. Onima, što su prodavali golubove, reče: „Nosite to odavde i ne činite od kuće Oca mojega kuće trgovačke!"* (Po Ivanu 2:14-16).

On je također oštro prekoravao farizeje i pismoznance koji su učini u neistini, te išli protiv riječi Boga (Po Mateju 12:34; 23:13-35; Po Luki 11:42-44).

Nivoi duhovne nježnosti

Jednu stvari bi trebali znati da postoje nježnost u duhovnoj ljubavi 1. poslanice Korinćanima poglavlje 13 i također duhovna nježnost koja je među devet plodova Duha Svetog u Poslanici Galaćanima poglavlje 5.

Onda, kako su oni drugačiji od blagosti u Blaženstvima? Naravno, te tri stvari nisu potpuno različite. Osnovno značenje je biti mek i nježan dok u isto vrijeme imaš vrlinu i ljubav. Ali dubina i širina svake je različita.

Prvo, blagost u duhovnoj ljubavi je najosnovniji nivo blagosti za ostvarenje ljubavi. Blagost u devet plodova Duha Svetog ima šire značenje; to je blagost u svakom obliku.

Blagost u plodovima Duha je što je rođeno kao plod u srcu i kada je plod stavljen u djelo donosi blagoslove, onda je ta blagost u Blaženstvima.

Na primjer, mi možemo reći da kada imamo dobar plod obilno na prekrasnom stablu, mi ga nazivamo „plod Duha Svetog," ali kada uzmemo plod da bi koristio našem tijelu, to je plod u Blaženstvu. Prema tome, mi možemo reći da je blagost u Blaženstvu na većem nivou.

Blagoslovi dani duhovno blagima

Kao što je rečeno po Mateju 5:5 „*Blagoslovljeni su krotki!*

Oni će posjedovati zemlju," ako imamo duhovnu blagost, mi ćemo posjedovati zemlju.

Ovdje „posjedovati zemlju" ne znači da ćemo mi primiti zemlju na ovoj zemlju, nego ćemo mi posjedovati zemlju u vječnom nebeskom kraljevstvu (Psalam 37:29).

Nasljedstvo je sticanje imanja, uvjeta ili svojstava prošle generacije. Vlasništvo nasljedstva obično drugi više prepoznaju od onoga kupljenoga sa novcem.

Na primjer, ako osoba ima komad zemlje koji je prenošen kroz mnoge generacije, to je već znano svim susjedima. Obitelj će to čuvati kao nešto vrijedno i prenijeti svojoj djeci. Prema tome, naslijediti zemlju znači da ćemo mi primiti kao našu zemlju zasigurno.

Onda, koji je razlog zašto Bog daje zemlju u nebeskom kraljevstvu onima koji imaju duhovnu blagosti? Psalam 37:11 govori, *„A smjerni posjeduju zemlju i raduju se punini mira."* Kao što je rečeno, to je zato što oni koji su blagi imaju vrlinu i prihvaćaju mnoge ljude.

Onaj koji ima blagost može oprostiti mane drugih, shvatiti ih i prihvatiti ih, tako da mnogi ljudi mogu naći odmora u njima i uživati mir u njima.

Kada osoba zadobije srca mnogih, to postane duhovni autoritet za njega, te čak i u nebeskom kraljevstvu on dobiva veliki autoritet. Prema tome, on će prirodno naslijediti veliku zemlju.

Duhovni autoritet za naslijediti zemlju u nebeskom kraljevstvu

Na ovom svijetu, osoba može dobiti autoritet samo kada je ona bogata i slavna, ali u nebeskom kraljevstvu, duhovni autoritet je dan onima koji se ponize i služe drugima.

Među vama neka ne bude tako! Nego tko među vama hoće da bude velik, taj neka bude vaš sluga, i tko među vama hoće da bude prvi, taj neka bude vaš sluga! Tako ni Sin čovječji nije došao, da mu služe, nego da služi i da život svoj dadne u otkup za mnoge (Po Mateju 20:26-28).

I reče „Zaista, kažem vam: Ako se ne obratite i ne budete kao djeca, nećete ući u kraljevstvo nebesko. Tko se dakle drži malenim kao dijete ovo, taj je najveći u kraljevstvu nebeskom" (Po Mateju 18:3-4).

Ako mi postanemo kao djeca, naša će srca biti ponižena najviše što mogu. Tako da ćemo mi dobiti srca mnogih ljudi na ovoj zemlji i mi ćemo postati oni koji su veliki na nebu.

Isto tako, budući da jedan prima srca mnogih ljudi sa duhovnom blagosti, prema tome Bog daje velike dijelove zemlje da bi mu dao uživati u svojem autoritetu zauvijek. Ako mi ne dobijemo veliku zemlju na nebu, kako mogu biti sagrađene velike i izvrsne kuće?

Pretpostavimo da smo učinili mnoge radove za Boga i primili mnoge materijale da bismo sagradili našu kuću na nebu, ali ako imamo samo malu zemlju, mi ne možemo sagraditi tako veliku kuću.

Prema tome, onima koji idu u Novi Jeruzalem će biti dane velike parcele zemlje jer će oni ostvariti potpunu duhovnu blagost. Jer je njihov dio zemlje velik, njihove kuće će također biti velike i prekrasne.

Isto tako, za svaku kuću, na najprikladniji način, bit će prirodni oblici kao prekrasno održavani vrtovi, jezera i brda. Postojat će također drugi objekti kao bazeni za plivanje, igrališta, dvorane za bal i tako dalje. To je Božja briga za vlasnike kuća da može pozvati one koje je prihvatio i pomogao im narasti u duhu i imati gozbe i vječno dijeliti svoju ljubav.

Čak i danas, Bog marljivo traži za one koji su blagi. To je da bi im dao dužnosti prihvatiti što više duša i voditi ih do istine i dati im velike količine zemlje kao nasljedstvo u vječnom kraljevstvu neba. Prema tome, marljivo ostvarujmo posvećenost i blagost srca tako da ćemo moći naslijediti veliku zemlju u nebeskom kraljevstvu.

Poglavlje 4
Četvrti blagoslov

Blagoslovljeni su, koji gladuju i žeđaju pravde! Oni će se nasititi

Po Mateju 5:6

Blagoslovljeni su, koji gladuju i žeđaju pravde!
Oni će se nasititi.

Korejska poslovica glasi, „Osoba će postati lopov ako gladuje tri dana." To nam govori o boli gladovanja. Čak ni najsnažniji čovjek ne može učiniti ništa ako je gladan.

Nije jednostavno preskočiti nekoliko jela, a zamisli kako bi bilo ako ne možeš jesti jedan, dva ili tri dana.

Prvo, ti osjećaš da si gladan, ali kako vrijeme prolazi, počinje te stomak boljeti i također možeš imati hladan znoj. Počet će te boljeti preko cijelog tijela i funkcije tvojeg tijela će propadati. Tvoja želja za hranom će postati ekstremna u ovoj situaciji. Ako se nastavi, možeš čak i izgubiti život.

Čak i danas, postoje ljudi koji pate od ozbiljne gladi, a i u ratovima oni koji jedu čak i otrovne biljke. Postoje mnogi koji nastavljaju živjeti od dana do dana pronalazeći nešto za jesti u kantama za smeće ili u hrpama smeća.

Ali, što je još nepodnošljivije od gladi je žeđ. Opće je znanje da je 70% ljudskog tijela voda. Ako izgubimo samo 2% tekućine u tijelu, mi ćemo imati ozbiljnu žeđ. Ako izgubimo 4% tijelo će postati slabo i mi ćemo čak izgubiti svijest. Ako izgubimo 10% možemo umrijeti.

Voda je apsolutno potreban element za ljudsko tijelo. Zbog ekstremne žeđi, neki ljudi koji putuju preko pustinja pod gorućim suncem će pratiti fatamorganu misleći da vide oazu i izgube svoje živote.

Na ovaj način, imati glad i žeđ je iskreno bolna stvar i čak može uzeti naše živote. Onda, zašto Bog kaže da su oni koji gladuju i žeđaju za pravednosti blagoslovljeni?

Oni koji gladuju i žeđaju za pravednosti

Pravednost je imenica za biti pravedan. *Merriam-Webster online rječnik* definira „pravedan" kao „djelovati prema božanskom ili moralnom zakonu: slobodan od krivnje ili grijeha." Oko nas, mi možemo vidjeti neke ljude koji su čak žrtvovali svoje živote da bi održali pogrešnu vrstu pravednosti među prijateljima. Oni također protestiraju protiv socijalnih nepravilnosti insistirajući da je njihovo vjerovanje pravednost.

Ali Božja pravednost je nešto drugačija. To je slijediti volju Boga i prakticirati riječ Boga koja je sama dobrota i istina. To se odnosi na svaki korak koji mi moramo proći dok potpuno ne obnovimo izgubljenu sliku Boga i postanemo posvećeni.

Oni koji gladuju i žeđaju za pravednosti će se radovati u Zakonu GOSPODA Boga i meditirati o njemu dan i noć kao što je zapisano u Psalmu 1:1-2. To je zato što riječ Boga sadrži što je volja Boga i kakva su vrsta djela pravedna djela.

Isto tako, baš kao ispovjedi pisca Psalma, oni će žudjeti za riječi Boga i uzimati je dan i noć. To nije samo da bi skladištili kao znanje nego da bi ju primijenili na svoje živote.

Oči moje čeznu za pomoću tvojom, za obećanjem spasenja tvojega (Psalam 119:123).

U rano već jutro dođoh i zavapih, riječ tvoju čekam. Još prije jutra bdjele su oči moje, da razmišljam o riječi tvojoj (Psalam 119:147-148).

Ako stvarno znamo ljubav Boga, mi ćemo iskreno žudjeti za Njegovim riječima, prema tome gladovati i žeđati za pravednosti. To je zato što mi shvaćamo da je jedan i jedini Sin Boga, Isus, koji je bio bez krivnje i neokaljan, uzeo patnju i sram križa za nas. On je uzeo sram i patnju križa da bi nas otkupio, koji smo svi bili grešnici, od naših grijeha i dao nam vječan život.

Ako vjerujemo u ovu ljubav križa, mi ne možemo nego živjeti prema riječi Boga. Mi ćemo misliti, „Kako mogu vratiti ljubav Gospoda i udovoljiti Bogu? Kako mogu učiniti što Bog želi?" Kao što žedan jelen traži potok, mi ćemo tražiti vrstu pravednosti koju Bog želi.

Prema tome, mi ćemo radosno slušati kad čujemo riječ, odbaciti grijehe i prakticirati istinu.

Djela onih koji gladuju i žeđaju za pravednost

Sa moći Boga, ja sam bio izliječen od tako mnogo bolesti koje medicina nije mogla izliječiti. Kako sam upoznao Boga na taj način, ja sam žudio za riječi Boga koja mi je dala novi život. Čuti više i razumjeti više, ja sam prisustvovao svakom susretu oživljena i tražio Boga da bih Ga sreo bliže.

Ja ljubim one, koji ljube mene i koji me traže, nađu me (Mudre izreke 8:17).

Kako sam shvatio volju Boga kroz mise o svetkovanju Subote,

dajući ispravnu desetinu i da ne bismo trebali doći pred Boga praznih ruku (Izlazak 23:15), ja sam pokušao marljivo prakticirati riječ. Sa mojom hvalom Bogu koji me ozdravio i spasio, ja sam žeđao za prakticiranjem riječi Boga.

Kako je proces prakticiranja pravednosti Boga počeo, ja sam shvatio da imam mržnju u svojem srcu. Tada sam pomislio, „Tko sam ja da imam sposobnosti mrziti nekoga?"

Imao sam mržnju protiv onih koji su me povrijedili dok sam bio na bolesničkom krevetu sedam godina, ali kako sam shvatio ljubav Isusa, koji je razapet i prolio Svoju krv i vodu za mene, ja sam se molio da bih odbacio mržnju.

Zazovi me, i odgovorit ću ti i pokazat ću ti velike, nevjerojatne stvari, za koje nijesi znao (Jeremija 33:3).

Kako sam se molio i mislio sa stajališta drugih, ja sam mogao vidjeti da su se oni ponašali na taj način u svojim situacijama.

Kako sam ja mislio o tome kako su oni bili slomljena srca dok su me bespomoćno gledali, sva mržnja se istopila i ja sam zavolio svaku vrstu osobe iz dubine mojeg srca.

Isto tako, ja sam imao na umu riječi u Bibliji koje nam govore da određene stvari moramo „činiti," „ne činiti," „držati" i „odbaciti." Stavio sam ih u djela. Zapisao sam svaku grešnu narav koju sam morao odbaciti u bilježnicu i počeo sam ih odbacivati kroz molitve i post. Kada sam bio siguran da sam ih odbacio, prekrižio sam ih sa crvenom olovkom. Konačno, prekrižiti sve grešne naravi koje sam zapisao u bilježnicu trajalo je tri godine.

1. Ivanova poslanica 3:9 govori, *„Svaki, koji je rođen od Boga, ne čini grijeha, jer njegovo sjeme ostaje u njemu, i ne može griješiti, jer je rođen od Boga."* Kada mi gladujemo i žeđamo za pravednosti i slušamo i prakticiramo riječ Boga, to će biti dokaz da mi pripadamo Bogu.

Jedi tijelo i pij krv Sina Čovječjega

Što je najpotrebnije za one koji su gladni i žedni? Naravno, to je hrana da bi se nahranilo gladne i piće da bi se utažila žeđ. To će biti još važnije od bilo kakvog dragog kamenja.

Dva trgovca su ušla u šator u pustinji. Oni su se polako počeli hvaliti sa draguljima koje su imali. Jedan Arapski nomad koji ih je gledao ispričao im je svoju priču.

Taj nomad je jednom volio dragulje jako puno. Dok je prelazio pustinju, on je susreo pješčanu oluju. Nije mogao jesti nekoliko dana i bio je iscrpljen. Pronašao je vreću i otvorio ju. Bila je puna bisera, koje je on prije jako volio.

Da li je bio stvarno sretan što je pronašao bisere koje je toliko volio? Ne zapravo, umjesto toga bio je jako očajan. Ono što mu je tada trebalo nisu bili biseri, nego hrana i voda. Kakva je korist od bisera kada umireš od gladi?

To je isto i sa duhom. Po Ivanu 6:55, Isus je rekao, *„Jer je tijelo moje pravo jelo i krv moja pravo piće."* Isto tako, On je rekao po Ivanu 6:53 *„Zaista zaista, kažem vam: ako ne jedete tijela Sina* *čovječjega i ne pijete krvi njegove, nemate života u sebi."*

Prvenstveno, ono što trebamo da bi dobili duhovni život i uživali u blagoslovima ispunjenja jedući tijelo i pijući krv Isusa.

Ovdje, tijelo Sina Čovječjeg, Isusa, simbolizira riječ Boga. Jesti Njegovo tijelo znači uzimati i imati na umu riječ Boga zapisano u šezdeset šest knjiga Biblije. Piti krv Isusa je moliti se sa vjerom i prakticirati riječ jednom pročitanu, koju smo čuli i naučili riječ Boga.

Proces rasta onih koji gladuju i žeđaju za pravednosti

1. Ivanova poslanica poglavlje 2 daje nam detaljan opis rasta u duhovnoj vjeri i držanja vječnog života jedući tijelo i pijući krv Sina Čovječjeg.

> *Pišem vam, dječice, jer su vam oprošteni grijehi zbog imena njegova. Pišem vam, oci, jer upoznaste onoga, koji je od početka. Pišem vam, mladići, jer nadvladaste onoga, koji je zao Pisah vam, djeco, jer upoznaste Oca. Pisah vam, oci, jer upoznaste onoga, koji je od početka Pisah vam, mladići, jer ste jaki, i riječ Božja u vama ostaje, i nadvladaste onoga, koji je zao* (1. Ivanova poslanica 2:12-14).

Kada čovjek koji ne zna Boga prihvati Isusa Krista i primi oprost od grijeha, on primi Duh Sveti i onda pravo postati dijete

Boga. To znači da je postao kao novorođena beba.

Kada beba naraste i postane dijete, ona saznaje volju Boga sve više i više, kao što dijete prepoznaje svoju mamu i tatu, ali ono stvarno ne može u potpunosti prakticirati riječ. To je baš kao što djeca vole svoje roditelje, ali njihove misli nisu duboke i oni ne mogu razumjeti srca svojih roditelja potpuno.

Kako osoba pređe vrijeme duhovnog djeteta ona postaje mlada odrasla osoba u duhu koja se oboružala sa riječi i molitvom. Ona zna što je grijeh i uči volju Boga. Mladi su energetični i oni također imaju svoje vlasitio i često snažno mišljenje. Oni su skloni pravljenju pogrešaka, ali oni imaju samouvjerenosti i pokretačke snage za ostvariti svoje ciljeve.

U mladenačkoj odraslosti duha, oni vole Boga i imaju snažnu vjeru, pa oni ne uzimaju beznačajne stvari svijeta. Oni su puni Duha, stavljaju svoju nadu u nebesko kraljevstvo i muče se protiv grijeha dok slušaju riječ.

Oni imaju snage i hrabrosti opirati se testovima i iskušenjima. Riječ Boga boravi u njima, pa oni mogu prevladati neprijatelja vraga i svijet i uvijek odnijeti pobjedu.

Kako vrijeme mladosti prolazi i postaju kao otac, oni će postati zreliji. Kroz svoje iskustvo, oni mogu misliti kroz sve aspekte u odlučivanju da bi donijeli ispravan sud u svakoj situaciji. Oni također imaju mudrosti spustiti svoju glavu s vremena na vrijeme.

Mnogi ljudi govore da mogu razumjeti srce roditelja tek

nakon što zapravo rode i odgajaju djecu. Slično tome, samo kada mi postanemo duhovni oci mi možemo razumjeti izvor Boga, tako da možemo razumjeti Njegovu providnost i imati vjeru na većem nivou.

Otac duhovno simbolizira osobu koja je na nivou razumjeti izvor Boga i sve tajne duhovnog svijeta uključujući stvaranje neba i zemlje. Jer on zna srce i volju Boga, on može slušati točno prema Božjem srcu i prema tome, on će primiti ljubav i blagoslove od Boga. On može primiti sve vrste blagoslova uključujući zdravlje, slavu, autoritet, bogatstvo, blagoslove djece i tako dalje.

Blagoslovi biti duhovno zadovoljan

Nakon što smo ponovno rođeni kao Božja djeca, do mjere u kojoj uzimamo pravu hranu i pravo piće, mi možemo rasti u duhu i otići u duhovnu dimenziju. Kako dubina duhovne dimenzije postaje dublja, mi sve lakše možemo vladati nad neprijateljem vragom i Sotonom i također mi ćemo moći shvatiti duboko srce Boga Oca.

Mi ćemo moći komunicirati sa Bogom jasno i Duh Sveti će nas voditi u svim stvarima tako da ćemo biti uspješni u svim stvarima. Život komunikacije sa Bogom kroz punoću Duha Svetog je blagoslov biti zadovoljan dan onima koji su gladni i žedni pravednosti.

Kao što je rečeno po Mateju 5:6 *"Blagoslovljeni su, koji gladuju i žeđaju pravde! Oni će se nasititi,"* oni koji prime blagoslov biti zadovoljan nemaju razloga susresti nikakav test ili iskušenje.

Čak i ako ima prepreka, Bog obezbjeđuje za nas da izbjegavamo to kroz vodstvo Duha Svetog. Čak i ako susretnemo poteškoće, Bog nam dopušta znati put izlaska iz njih. Kako duša uspijeva, sve stvari će ići dobro za nas i mi ćemo biti zdravi; bit ćemo vođeni do uspjeha u svim stvarima, pa će naše usne biti pune svjedočenja.

Ako nas Duh Sveti vodi ovako, mi ćemo primiti snagu lakog shvaćanja grijeha i zla i odbaciti ih i prema tome mi možemo trčati prema spasenju. U procesu postanka posvećenosti u našim kršćanskim životima ponekad nije lako naći stvari koje su jako duboko u našim srcima ili jako fina i mala bezakonja.

U tim situacijama, ako Duh Sveti sja Svoje svjetlo na nas, mi možemo shvatiti što trebamo učiniti i ostvariti. Mi tada možemo ući u veće nivoe vjere.

Isto tako, iako mi ne prakticiramo neistinu za počinjenje grijeh, mi ne moramo shvatiti koji je put ugodniji Bogu u različitim situacijama. U tim slučajevima, ako shvatimo što je ugodnije Bogu sa radom Duha Svetog i to učinimo, naše će duše biti još uspješnije.

Važnost prave hrane i pravog pića

Imajući stotine tisuća dolara duga, jedan je vjernik bio u velikom očaju. Ali tada, on je želio otići pred Boga i držati se za Njega. Vjerujući da se drži za zadnju nadu, on se počeo moliti i slušati riječ Boga za srcem čežnje.

On je slušao vrpce misa na putu za posao i čitao je barem jedno poglavlje Biblije i zapamtio barem jedan stih Biblije dnevno. Onda, on se prisjetio riječi Boga u svakom trenutku svojeg dana i mogao ju je slijediti.

Ali to ne znači da su se vrata blagoslova odmah otvorila. Kako je on iskreno tražio Božju volju i vatreno se molio, njegova je vjera rasla. Njegova je duša uspijevala i blagoslovi su počeli dolaziti na njegov posao. Uskoro, on je mogao otplatiti stotine tisuća dolara duga. Njegova desetina danas se još povećava.

Isto tako, ako mi stvarno gladujemo i žeđamo za pravednosti, baš kao što gladni i žedni traže za hranom i vodom, mi ćemo ostvariti pravednost. Kao rezultat, mi ćemo primiti blagoslove zdravlja i bogatstva. Mi ćemo primiti punoću i inspiraciju Duha Svetog i komunicirati sa Bogom. Mi ćemo moći ostvariti kraljevstvo Boga do pune mjere.

„Koliko ja mislim o Bogu i čitam i meditiram Njegovu riječ svaki dan?"

„Kako se iskreno ja molim i pokušavam prakticirati riječ Boga?"

Provjerimo se na ovaj način i glad i žeđ za pravednosti dok se Gospod ne vrati, tako da ćemo mi primiti blagoslove biti duhovno zadovoljan sa Bogom Ocem.

Onda, mi ćemo moći komunicirati sa Bogom duboko i biti vođeni na put uspješnog života i još važnije, mi ćemo doseći veličanstveno mjesto u nebeskom kraljevstvu.

Poglavlje 5
Peti blagoslov

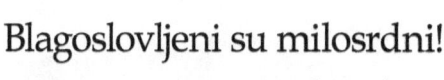

Blagoslovljeni su milosrdni!
Oni će postići milosrđe

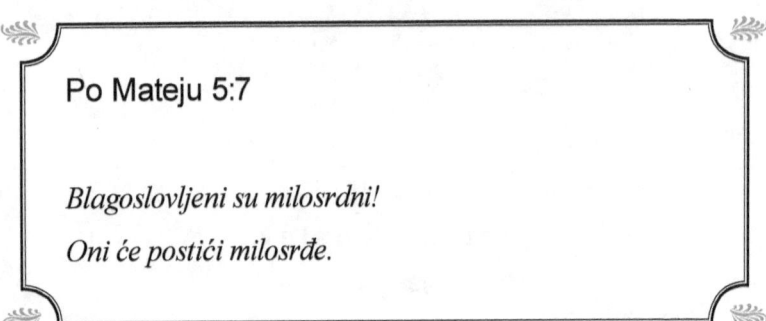

Po Mateju 5:7

Blagoslovljeni su milosrdni!
Oni će postići milosrđe.

Jean Valjean u Jadnicima je bio u zatvoru devetnaest godina samo zato što je ukrao kruh. Nakon što je bio oslobođen, svećenik mu je dao hranu i prebivalište, ali on je ukrao od njega srebrni svijećnjak i pobjegao. Uhvatili su ga i policija ga je dovela pred svećenika.

Svećenik je rekao da je on dao svijećnjak Jeanu Valjeanu da bi ga spasio. Pitajući Jeana Valjeana, „Zašto nisi uzeo tanjurić?" on je natjerao detektiva da sumnja u sve.

Kroz ovaj incident, Jean Valjean je naučio o pravoj ljubavi i oprostu i počeo živjeti novim životom. Ali detektiv Javert je onda slijedio Valjeana i zadavao mu teško vrijeme kroz njegov život. Kasnije, Valjean je spasio detektiva od smrti. On je rekao, „Postoje mnoge stvari koje su široke kao more, zemlja i nebo, ali oprost je nešto šire."

Imati milosti prema drugima

Ako oprostimo drugima sa milosti, mi možemo dotaknuti njihova srca i oni se mogu promijeniti. Što je značenje milosti?

To je vrsta srca oprostiti iz srca i moliti se i dati savjet s ljubavi za nekoga, iako je on počinio grijeh ili nam direktno zadaje poteškoće. To je slično dobroti koja se pronalazi u devet plodova Duha Svetog u Poslanici Galaćanima poglavlje 5, ali je dublje od toga.

Dobrota je srce slijediti samo dobrotu bez ikakvog zla i jasno se vidi kroz srce Isusa koji se nije svađao niti vikao.

Neće se prepirati i neće bučiti, nitko neće po ulicama čuti glasa njegova. Trske stučene neće prelomiti i stijenja što tinja neće ugasiti, dok pravdu ne privede pobjedi (Po Mateju 12:20).

Ne lomiti trske znači da čak i ako netko počini zlo, Gospod ga ne kažnjava odmah nego trpi sa njim dok ne primi spasenje. Na primjer, Isus je znao da će Ga Juda Iškariot kasnije prodati, ali ga je On savjetovao sa ljubavi i pokušao ga navesti da shvati do kraja.

Isto tako, ne gasiti fitilj koji tinja znači da Bog ne odbacuje odmah Svoju djecu, čak i ako ne žive prema istini. Čak i ako smo počinili grijehe jer nismo savršeni, Bog nam dopušta shvatiti kroz Duh Sveti i trpi sa nama do kraja tako da se možemo promijeniti kroz istinu.

„Milost" je shvaćati, oprostiti i voditi druge na pravi put sa srcem Gospoda, iako nam oni čine zlo bez razloga. To znači ne misliti sa vlastitog stajališta slijedeći našu vlastitu korist nego misliti sa stajališta drugih, tako da ih možemo shvatiti i pokazati im milost.

Isus je oprostio preljubnicima

Po Ivanu poglavlje 8 farizeji i pismoznanci su doveli ženu koja je uhvaćena u preljubu do Isusa. Da bi Ga testirali, oni su ga pitali.

„Mojsije nam je zapovjedio u zakonu, da takve kamenujemo. A ti što veliš?" (s. 5). Samo zamisli ovu situaciju. Žena koja je počinila preljub je sigurno drhtala od srama jer je

njen grijeh otkriven pred svima i od straha od smrti.

Ti pismoznanci i farizeji su bili ispunjeni sa zlim namjerama nisu ni opazili ženu koja je bila ispunjena strahom. Oni su radije bili ponosni jer su sad mogli uhvatiti Isusa u klopku. Neki od ljudi koji su gledali scenu su vjerojatno već pokupili kamenje da bi ju sudili prema Zakonu.

Što je Isus učinio? On se tiho spustio i sa Svojim prstom pisao na zemlji. On je napisao imena grijeha koje su počinili oni koji su bili prisutni tamo. Tada, On se podigao i rekao, „*Tko je među vama bez grijeha, neka prvi baci kamen na nju"* (s. 7).

Židovi su bili podsjećeni na svoje grijehe i osjetili sram i jedan za drugim su napustili scenu. Konačno, tamo su bili samo Isus i žena. Isus joj je oprostio i rekao, „*Ni ja te neću osuditi. Idi. I od sada više ne griješi!"* (s. 11). Sigurno je bilo nelagodno za ženu ostatak njenog života. Ona vjerojatno nije mogla počiniti grijeha od tada.

Isto tako, milost se može pokazati u različitim oblicima i može biti kategorizirana u milost oprosta, milost kazne i milost spasenja.

Neograničena milost spasenja

Oni koji su prihvatili Isusa Krista kao svojeg Spasitelja su već primili veliku milost Boga. Bez milosti Boga, mi ne možemo nego pasti u pakao zbog naših grijeha i zauvijek patiti.

Ali Isus je prolio Svoju krv na križu da bi otkupio čovječanstvo njihovih grijeha i kada mi vjerujemo, može nam biti oprošteno bez cijene i možemo biti spašeni: to je milost Boga.

Čak i sada, sa srcem roditelja koji nervozno čeka svoje dijete koje je napustilo dom, Bog nervozno čeka nebrojene duše da bi došle na put spasenja.

Isto tako, čak i ako netko povrijedi osjećaje Boga tako puno, ako se samo pokaje sa iskrenim srcem i okrene, Bog ga ne prekorava govoreći, „Zašto si Me toliko razočarao? Zašto si počinio toliko grijeha?" Bog ga samo prihvati sa Svojom ljubavi.

„Dobro dakle, sudimo se!", tako govori Gospod. „I ako su grijehi vaši crveni kao skerlet, postat će bijeli kao vuna" (Izaija 1:18).

Koliko je istok daleko od zapada, toliko on udaljuje od nas grijehe naše (Psalam 103:12).

Kada postoji netko tko je učinio nešto loše prije, ako se on već pokajao i okrenuo, oni koji imaju milosti se neće sjećati njegovih prošlih pogrešaka misleći, „On je počinio tako velike greške prije." Oni neće odlaziti od njega niti ga mrziti nego će mu samo oprostiti. Oni će ga poticati da bi mu pomogli biti bolje.

Parabola o slugi kojem je oprošteno deset tisuća talenata

Jedan dan Petar je pitao Isusa o oprostu. *„Gospodine, ako brat moj pogriješi proti meni, koliko puta da mu oprostim? Do* *sedam puta?"* (Po Mateju 18:21). Petar je mislio da je jako velikodušno oprostiti do sedam puta. Isus je odgovorio, *„Velim ti, ne do sedam puta, nego do sedamdeset put sedam puta"* (Po Mateju 18:21).

To ne znači da bi mu trebao oprostiti samo sedamdeset puta sedam koje je 490 puta. Sedam je savršeni broj. „Sedamdeset puta sedam" znači da mi moramo oprostiti neograničeno i savršeno. Onda, sa usporedbom, Isus je učio o milosti oprosta.

Kralj ima mnogo slugu. Jedan je sluga dugovao kralju deset tisuća talenata, ali on to nije mogao platiti. Jedan talent je u to vrijeme bio 6000 denara. To je jednako današnjih 6000 dana plaće. To je otprilike šesnaest godina plaća običnim radom.

Pretpostavimo da je dnevna plaća za običan rad 50000 wona, ili otprilike 50 američkih dolara. Onda, jedan talent je otprilike 300000000 wona ili 300000 američkih dolara. Deset tisuća talenata je onda 3 bilijuna wona ili 3 milijarde američkih dolara. Gdje bi sluga mogao dobiti toliku količinu novca?

Kralj mu je rekao da proda svoju ženu, djecu i svo svoje imanje da bi vratio dug. Sluga je pao na zemlju i molio kalja govoreći, *„Gospodaru ima strpljenja s menom sve ću ti platiti"* (s. 26). Kralj je osjetio suosjećanje i pustio ga i oprostio mu dug.

Ovaj sluga kojemu je bilo oprošten tako velika količina duga susreo se sa jednim kolegom slugom koji mu je dugovao 100 denara. Denar je bio srebrni novčić Rimskog carstva i bio je dnevna plaća za običan rad. Ako pretpostavimo da je dnevna plaća kao 50000 wona, ukupan dug sluge je samo 5 milijuna wona, ili oko 5000 američkih dolara. To je stvarno mala količina u usporedbi sa deset tisuća talenata.

Ali sluga kojemu je bilo oprošteno njegov dug ga je uhvatio i počeo ga gušiti govoreći, „Vrati što mi duguješ." Iako je taj čovjek pitao za milost, on ga je samo poslao u zatvor.

Kada je kralj saznao za ovu činjenicu, postao je ljut i rekao, „Zli slugo! *Sav sam dug oprostio tebi, jer si me molio. Nijesi li se i ti morao smilovati drugu svojemu, kako sam se ja smilovao tebi?"* i poslao ga je u zatvor (Po Mateju 18:32-33).

Isto je sa nama. Mi kojima je bilo suđeno ići putem smrti zbog grijeha je oprošteno bez cijene, samo sa ljubavi Isusa Krista. Ali ako ne oprostimo male mane drugih i sudimo i osuđujemo ih, kako je to zlo!

Imati široko srce oprostiti drugima

Iako možemo se suočiti sa gubitkom zbog drugih, ne bismo ih trebali mrziti ili izbjegavati, nego ih shvatiti i prigrliti. Na ovaj način, mi možemo imati široko srce koje prihvaća mnoge ljude.

Ako imamo milost, mi ne mrzimo nikoga niti imamo nikakve loše osjećaje protiv bilo koga. Čak i ako druga osoba učini nešto loše u vidu Boga, radije nego ga prvo kazniti, mi bismo trebali prvo dati savjeti iz ljubavi.

Isto tako, kada oni daju savjet drugima, neki ljudi imaju

nelagodne osjećaje o tome što su drugi učinili i vrijeđaju njihove osjećaje dajući savjet. I oni ne bi trebali misliti da oni daju savjet sa ljubavi. Čak i ako citiraju iz riječi istine, ako to ne čine sa ljubavi, oni ne mogu primiti radove Duha Svetog. I prema tome, oni ne mogu promijeniti srca drugih.

Čak i kad vođe učine nešto loše svojim podređenima, 1. Petrova poslanica 2:18 kaže, „*Sluge, budite pokorni sa svim strahom gospodarima, ne samo dobrima, nego i zlima!*" Prema tome, mi moramo slušati i slijediti sa poniznosti i moliti se za njih sa ljubavi.

Isto tako, kada podčinjeni učine nešto loše svojim vođama, vođe ih ne bi trebali samo odmah prekoriti ili ih samo ostaviti da ne remete mir u tom trenutku. Oni bi ih trebali moći učiti sa riječi i dopustiti im da točno shvate. Ovo je isto vrsta milosti.

Kada se vođe brinu za svoje podčinjene sa ljubavi i milosti i vode ih sa dobrotom, oni mogu stajati uspravno. Isto tako, vođe će imati osjećaj nagrade jer su izvršili dužnost vođenja i upravljanja onih koji su im povjereni.

Bez obzira kakvu vrstu situacije susretnemo, mi bismo trebali shvatiti stajališta drugih. Mi se moramo moliti za njih i davati im savjet sa ljubavi sa kojom možemo dati čak i naše živote. Kada mi imamo ovu vrstu ljubavi, mi ćemo možda morati kazniti one koji idu pogrešnim putem kako je potrebno voditi ih istini.

Milost u kazni sadrži ljubav

Gdje postoji milost oprosta, tu također postoji milost kazne. To je kada je milost pokazana u obliku kazne zavisno o situaciji. Ova milost kazne nije počinjena samo sa mržnjom ili prezirom. To je izvorno oblik ljubavi.

> *Jer koga ljubi Gospodin, onoga pokara, a bije svakoga sina, kojega prima. Izdržite u karanju! Bog postupa s vama kao sa svojom djecom, jer gdje je sin, kojega otac ne pokara? Ako li ste bez karanja, u kojemu svi dio dobiše, tada ste nezakoniti, a ne pravi sinovi* (Poslanica Hebrejima 12:6-8).

Bog voli Svoju djecu i zato su ponekad kazne dopuštene. Na ovaj način, Bog im pomaže okrenuti se od grijeha i djelovati prema istini.

Pretpostavimo da je tvoje dijete ukralo nešto. Samo zato što je ljubav popraviti svoju djecu, vjerojatno nema puno roditelja koji bi tukli svoju djecu sa šibom zbog prvog prekršaja. Ako se pokaju sa suzama i iz srca, roditelji će ih vjerojatno toplo zagrliti i reći, „Opraštam ti ovaj put. Nemoj to više nikada učiniti."

Ali ako djeca kažu da se kaju i da to neće više učiniti, ali u praksi oni učine istu stvar opet, onda, što bi roditelj trebao učiniti?

Oni bi trebali učiniti najbolje što mogu da bi ih savjetovali. Ako ne poslušaju, iako može biti srceparajuće, roditelj mora upotrijebiti šibu i također ih udariti, tako da to mogu držati duboko u svojem srcu. Jer roditelji vole svoju djecu, oni ih kažnjavaju tako da se mogu okrenuti prije nego odu putem koji je stvarno pogrešan.

Kada djeca počine grijehe

Lopov koji je stajao na sudu pitao je vlast da mu dopusti vidjeti majku prije suda. Kada se sreo sa majkom, on je plakao govoreći da je sve njena krivnja što je postao lopov. On je rekao da je postao lopov jer ga njegova majka nije kaznila prvi puta kad je ukrao u svojem djetinjstvu.

Kada pitamo zašto ne kažnjavaju svoju djecu kada učine nešto pogrešno, većina roditelja odgovara zato što vole svoju djecu. Ali Mudre izreke 13:24 govori, *„Tko štedi prut, ne ljubi sina svojega, a tko ga ljubi, kara ga za vremena."*

Ako samo mislimo na našu djecu, „Oh, moja draga beba," onda, čak i pogreške koje čine se čine dražesnima. Zbog ove vrste tjelesne privrženosti, mnogi ljudi ne razabiru između dobrog i pogrešnog i čine loše sudove.

Isto tako, čak i kad se djeca kontinuirano ponašao neumjesno, roditelji ih je ispravljaju, nego samo prihvaćaju. Onda, ponašanje djece postaje sve više pogrešno i u zabludi.

Na primjer, u 1. Samuelovoj poglavlje 2 mi vidimo da svećenik Eli ima dva sina, Hofni i Pinhas leže sa ženama koje služe na dovratku šatora sastanka. Ali Eli im je samo rekao, *"Nemojte, sinovi moji, nije dobro što čujem, i što narod Gospodnji širi o vama"* (s. 24). Dva sina su nastavila griješiti i susreli su jadnu smrt.

Da ih je svećenik Eli strogo opomenuo i ponekad prekorio kad je potrebno da bi išli pravilnim putem svećenika, oni ne bi išli pogrešnim putem do te mjere. Oni su došli do točke u kojoj se nisu mogli okrenuti jer ih njihov otac nije odgojio na dobar način.

Ali čak i u istoj vrsti kazne, ako nema ljubavi u njoj, mi ne možemo reći da je to milost. Pretpostavimo da je dijete jednog od tvojih susjeda ukralo nešto od tebe. Onda, što bi ti sad učinio?

Oni koji imaju dobrotu će imati milosti za njega i oprostiti mu ako dijete pita za oprost iz srca. Ali oni koji nemaju dobrotu će se naljutiti na dijete i koriti ga, ili čak i ako pita za oprost, oni će svejedno zahtijevati kaznu. Ili, oni to mogu otkriti i proširiti mnogim ljudima, ili zapamtiti to dugo vremena i razviti predrasudu protiv djeteta.

Ova vrsta kazne dolazi od mržnje i prema tome nije milost. To ne može promijeniti drugu osobu. Kada mi kaznimo, mi moramo kazniti tu osobu sa ljubavi s obzirom na njegovo stajalište i njegovu budućnost da bi učinili kaznu iz milosti.

Kada braća u vjeri griješe

Kada brat u vjeri griješi, Biblija nam govori u detalje kako se pobrinuti za njega.

Ako je brat tvoj pogriješio proti tebi, idi i potegni ga na odgovor u četiri oka! Ako te posluša, dobio si brata svojega. Ako te ne posluša, uzmi sobom još jednoga ili druga dva, da se sve ustanovi izjavom dvojice ili trojice svjedoka. Ako ni njih ne posluša, kaži crkvi! Ako li ne posluša ni crkve, neka ti bude kao neznabožac i carinik (Po Mateju 18:15-17).

Kada vidimo kako braća u vjeri griješe, ne bismo to trebali širiti drugima. Prvo, mi moramo osobno popričati s njima tako da se oni mogu okrenuti. Ako oni ne poslušaju, trebali bismo popričati s njima zajedno sa onim tko je viši u njegovoj grupi tako da se može okrenuti.

Ako još uvijek ne poslušaju, mi trebamo reći crkvenom autoritetu da bismo ih vodili na put spasenja. Ako još uvijek ne poslušaju crkvene autoritete, onda, Biblija nam govori da ih smatramo kao nevjernike. Ne bismo trebali suditi i osuđivati čak i osobu koja je počinila ozbiljan grijeh. Samo kada mi pokažemo ljubav i milost mi također možemo primiti milost od Boga.

Milost u dobrotvornim radovima

Ponekad je očito za Božju djecu brinuti se za one u potrebi i pokazati im milost. Kada brat u vjeri pati, ako mi samo kažemo da nam je žao ali ne pokažemo djela, onda, mi ne možemo reći da imamo milost. Milost u dobrotvornim radovima u Božjem vidu je dijeliti što imamo sa braćom koja su u potrebi.

Jakovljeva poslanica 2:15-16 govori, *"Ako li brat ili sestra goli budu i nemaju svagdanje hrane, p rekne im koji od vas: 'Idite u miru, grijte se i nasitite se, a ne dadne, što im je potrebno za tijelo, što koristi?'"*

Neki mogu reći, „Ja stvarno želim pomoći, ali nemam što dati da bi im pomogao." Ali koji roditelj bi samo gledao kako njihovo dijete gladuje samo zato što su oni u financijskim poteškoćama? Na isti način, mi bismo trebali moći djelovati prema našoj braći na isti način kako bi djelovali prema našoj djeci.

Oni koji su kažnjeni zbog svojih grijeha

Kada pokazujemo milost i pomažemo potrebitima, mi moramo imati nešto na umu. To je činjenica da ne bismo trebali pomagati onima koji su u poteškoćama zbog svojeg grijeha protiv Boga. To znači prouzrokovati probleme koji će doći na nas.

Tijekom vladavine kralja Jeroboama u kraljevstvu Izrael, bio je prorok imena Jona. U knjizi o Joni mi vidimo ljude koji su pali u teške situacije zajedno sa prorokom Jonom koji nije poslušao Boga.

Jedan dan Bog je rekao Joni da ode u grad Ninivu, koji je bio prijestolnica države koja je bila neprijateljska prema Izraelu i proglasi Božje upozorenje. Bilo je zato što je Niniva bila ispunjena sa grijehom i Bog ju je mogao uništiti.

Jona je to znao, ako se ljudi Ninive pokaju nakon što čuju Božje upozorenje, oni su mogli izbjeći uništenje. On je znao srce Boga koje ima neograničenu milost i samu ljubav. Onda, to je bilo kao pomaganje Asiriji, koja je bila neprijateljska prema Izraelu. Pa, Jona nije poslušao riječ Boga i otišao na brod koji je išao prema Taršišu.

Pa, Bog je poslao veliku oluju i ljudi na brodu su bacili sve što su imali u more i pretrpjeli veliki gubitak. Oni su u konačnici saznali da je to zbog Jone koji nije poslušao Boga. Oni su znali da će oluja stati ako bace Jonu na more kako im je Jona rekao, ali zbog njihove naklonosti prema njemu oni to nisu mogli učiniti. Oni su morali patiti sa njim dok ga nisu bacili preko broda.

Uzimajući ovaj primjer kao lekciju, kada mi pokazujemo našu milost, mi moramo biti mudri. Mi moramo razumjeti da ako pomažemo onima koji su u poteškoćama zbog Božje kazne, mi ćemo pasti u istu vrstu poteškoće.

Isto tako, u teškim slučajevima, ako je netko zdrav ali ne radi samo zato što je lijen, nije u redu pomagati takvoj osobi. Isto je i sa onima koji iz navike traže druge ljude za pomoć, iako oni također mogu raditi.

Pomagati takvim ljudima je činiti ih ljenijim i manje sposobnim. Ako mi pokažemo milost koja nije ispravna u vidu Boga, to će blokirati naše blagoslove.

Prema tome, ne bismo samo trebali bezuvjetno pomagati svakome tko je u poteškoćama. Trebali bismo razabrati svaki slučaj tako da mi nećemo susresti poteškoće nakon pomaganja drugima.

Pokazivanje milosti nevjernicima

Ovdje, jedna važna stvar je da mi trebamo pokazati našu milost ne samo braći u vjeri nego također i nevjernicima.

Većina ljudi želi imati veze sa drugima koji imaju bogatstvo i slavu, ali oni gledaju s visoka i ne žele biti blizu oni koji su propali na svojem putu života. Oni mogu pomoći ljudima nekoliko puta zbog prijašnjeg prijateljstva, ali neće nastaviti. Ali mi ne bismo trebali gledati s visoka ni na koga niti ih prezirati. Mi moramo smatrati druge boljima od nas i ponašati se prema njima s ljubavi.

Postoje neki koji stvarno imaju milosrdna srca koja se brinu za poteškoće drugih ljudi. Postoje neki ljudi koji nevoljko pomažu drugima zbog očiju drugih ljudi. Bog gleda na unutarnje srce ljudi. On kaže da je milost pomagati sa pravom ljubavi i On će blagosloviti one koji pokazuju pravu milost.

Blagoslovi za one koji su milosrdni

Koji su blagoslovi Boga dani onima koji su milosrdni? Po Mateju 5:7 kaže, *„Blagoslovljeni su krotki! Oni će posjedovati zemlju."*

Ako mi možemo oprostiti i pokazati milost čak i onima koji nam zadaju poteškoće i uzrokuju da patimo štete, Bog će nam pokazati milost i dati nam šansu da nam bude oprošteno čak i kad uzrokujemo štetu drugima greškom.

Gospodova Molitva kaže, *„I otpusti nam duge naše, kako i*

mi otpuštamo dužnicima svojim" (Po Mateju 6:12). Mi otvaramo put primanja milosti od Boga pokazujući milost drugima.

U vrijeme rane crkve, bila je učenica imenom Tabita (Djela apostolska 9:36-42). Vjernici u Jeruzalemu su se raširili na mnogim mjestima zbog ozbiljnih progona. Neki od njih su se nastanili u luci grada imena Jopa. Taj grad je postao jedan od centara kršćanstva, gdje je Tabita živjela. Ona je pomagala siromašnima i potrebitima. Ali jedan dan ona je postala bolesna i umrla.

Oni koji su primili pomoć od nje poslali su ljude Petru da ga pitaju da ju oživi. Oni su pokazali sve tunike i odjeću koju je ona napravila dok je bila s njima, govoreći o svim dobrim djelima koje je učinila.

Konačno, ona je iskusila veličanstven rad Boga kad se vratila u život ponovno kroz Petrovu molitvu. Ona je primila blagoslov produženja života sa milosti Boga.

Isto tako, kada mi imamo milosti na one koji su siromašni i bolesni, Bog nam daje blagoslove zdravlja i bogatstva.

Zbog siromaštva i bolesti kojima ja nisam mogao vidjeti kraj, ja sam morao provesti teško vrijeme u svojoj mladosti. Kroz to vrijeme, ja sam shvatio srce onih koji su iskusili poteškoće.

Više od trideset godina od kad sam izliječen svih bolesti sa moći Boga, ja sam bio zdrav bez ikakve vrste bolesti. Ipak, ja ne mogu izgubiti svoju nježnu simpatiju koju imam prema onima koji pate od bolesti i siromaštva i oni koji su zanemareni i odbačeni.

Pa, ne samo prije nego sam otvorio crkvu, nego također

nakon otvaranja crkve ja sam želio dati ruku onima koji su u potrebi. Ja nisam mislio, „Pomoći ću im kad postanem bogat." Ja sam samo pomogao drugima bilo da je to velika ili mala količina.

Bog je bio zadovoljan sa tim djelom i On me blagoslovio tako puno da ja mogu obilato ponuditi Bogu za svjetsku misiju i za ostvarivanje Božjeg kraljevstva. Kako sam ja posadio sjeme milosti za druge, Bog mi je dopustio požeti obilnu žetvu.

Ako pokažemo milost drugima, Bog će nam također oprostiti naše grešnosti. On će nas ispuniti tako da nam ničega ne manjka i On će promijeniti slabosti u zdravlje. To je milost koju mi možemo primiti od Boga kada smo milosrdni prema drugima.

Po Ivanu 13:34 kaže, *„Novu zapovijed dajem vam: ljubite jedan drugoga! Kao što sam ja ljubio vas, tako i vi ljubite jedan drugoga."* Kao što je rečeno, dajmo ugodu i život mnogim ljudima sa aromom milosti, tako da mi možemo uživati obilan život u blagoslovu Boga.

Poglavlje 6
Šesti blagoslov

Blagoslovljeni su koji su čista srca!
Oni će Boga gledati

Po Mateju 5:8

Blagoslovljeni su koji su čista srca!
Oni će Boga gledati.

"Prva stvar koju sam osjetio nakon što sam sletio na mjesec je Božje stvaranje i veličanstvena prisutnost Boga."

To je bila izjava Jamesa Irwina koji je otišao na mjesec na Apollu 15 1971. To je bio jako poznati citat koji je dotaknuo mnoge ljude preko svijeta. Kada je održavao lekciju u Mađarskon, jedan ga je student pitao.

"Ni jedan od astronauta Sovjetske Unije nije rekao da je vidio Boga u svemiru, ali zašto vi kažete da ste vidjeli Boga u svemiru i slavite Njegovu slavu?"

Irwinov odgovor je bio tako jasan svima da ga se nije moglo pobiti. "Oni čista srca mogu vidjeti Boga!" Ostao je na mjesecu 18 sati i kaže se da je recitirao Psalam 8 gledajući zemlju i svemir koje je Bog stvorio.

"Gospode, vladaoče naš,
kako je divno ime tvoje po svoj zemlji!
Veličanstvom nebo natkriljuješ.
Ti, čiju slavu nebesa slave rječitije ...
Kad pogledam nebo,
djelo prsta tvojih,
mjesec i zvijezde,
što si ih namjestio,
Gospode, vladaoče naš,
kako je divno ime tvoje po svoj zemlji!"

Čisti u srcu pred Bogom

Merriam-Webster Online riječnik definira „čisto" kao „ne miješano sa nikakvom tvari, ili slobodno od prašine, prljavštine ili drugih zagađenja." U Bibliji, to znači da moramo djelovati na sveti način ne samo izvana sa znanjem i obrazovanjem, nego također moramo imati sveto i posvećeno srce.

Po Mateju 15, kada je Isus ministrirao u Galiciji, pismoznanci i farizeji su došli iz Jeruzalema.

Pismoznanci i farizeji su bili oni koji su profesionalno učili ljude Zakonu i oni su držali Zakon jako strogo. Oni su također držali tradicije starješina, koje su bile detaljna pravila o tome kako držati Zakon. Te tradicije su se prodavale kroz generacije.

Jer su prakticirali veliki dio samokontrole i živjeli asketskim životom, oni su mislili da su sveti. Ali njihova srca su bila ispunjena zlom. Kada su bili uvrijeđeni sa Isusovom riječi, oni su Ga pokušali ubiti.

Jedna od tradicija starješina koju su radili pismoznanci i farizeji govori da nije čisto jesti sa neopranim rukama.

I oni su vidjeli Isusove učenike kako jedu sa neopranim rukama i pobunili se na to pitali Isusa pitanje.

Pitali su Isusa, *„Zašto učenici tvoji prestupaju predaju starih?"* (s. 2). Tada, Isus govori, *„Što ulazi u usta, ne čini čovjeka nečistim, nego što izlazi iz usta, to čini čovjeka nečistim"* (s. 11).

A što dolazi iz usta, izlazi iz srca, i to čini čovjeka nečistim. Jer iz srca dolaze zle misli, ubojstvo, preljuba, bludnost, krađa, lažno svjedočanstvo, hula na Boga. To čini čovjeka nečistim; a i neopranim rukama jesti, to ne čini čovjeka nečistim (Po Mateju 15:18-20).

Isus ih je također prekoravao govoreći da su oni okrečeni grobovi (Po Mateju 23:27). U Izraelu obično su koristili spilju kao grobnicu. Obično su obojili ulaz u grobnicu za bijelim krečom.

Ali grobnica je mjesto za truplo i bez obzira koliko ju ukrasimo, unutrašnjost je puna raspadanja i smrada. Isus je povezao pismoznance i farizeje sa bijelim grobnicama jer su se oni ponašali svetima izvana ali njihovo srce je bilo ispunjeno sa raznim zlom i grijehom.

Bog želi da budemo prekrasni ne samo izvana nego također unutar srca. Zbog toga je On rekao, *"Ljudi gledaju na vanjštinu, a Gospod gleda na srce"* (1. Samuelova 16:7) kada je On pomazao Davida, pastira, kao kralja Izraela.

Koliko sam ja čist u srcu?

Kada mi propovijedamo evanđelje, neki ljudi kažu, "Nisam nikoga ozlijedio i živim dobrim životom, pa ja mogu ići na nebo." To znači da oni mogu ići na nebo iako oni ne vjeruju u Isusa Krista jer oni imaju dobra srca i ne čine grijehe.

Ali Poslanica Rimljanima 3:10 kaže, *"Nema pravedna, nema nijednoga;"* Bez obzira koliko osoba misli da je pravedna i dobra, ona će shvatiti da ima mnogo grešnosti i grijeha ako se pogleda prema riječi Boga, istini. Ali neki kažu da nemaju niti jedan grijeh jer oni nisu ozlijedili nikoga i nisu prekršili zakon.

Na primjer, iako mrze nekoga, oni misle da su bezgrešni jer nisu uzrokovali fizičku ozljedu osobi. Ali Bog kaže da imati zao um u srcu je također grijeh.

On kaže u 1. Ivanovoj poslanici 3:15, *"Svaki, koji mrzi na brata svojega, ubojica je, i znate, da ni jedan ubojica nema u sebi vječnoga života"* i po Mateju 5:28, *"A ja vam kažem: Svaki, koji pogleda na ženu požudno, već je u srcu svojemu učinio s njom preljubu."*

Iako nije viđeno u djelu, ako netko ima mržnju, preljubnički um, sebične želje, aroganciju, laž, ljubomoru i mržnju u svojem srcu, njegovo srce nije čisto. Oni koji su čisti u srcu neće staviti svoje interese u beznačajne stvari nego strogo slijediti samo jedan put sa nemijenjajućim srcem.

Djela Rute, žene čista srca

Ruta je bila nevjernička žena koja je postala udovica u ranoj dobi bez djece. Ona nije htjela napustiti svekrvu, nego ostala s njom čak i u teškim vremenima. Njena svekrva nije imala na koga se osloniti, ali zbog Rute ona je rekla Ruti da se vrati svojoj obitelji. Ali Ruta nije mogla ostaviti svoju svekrvu samu.

A Ruta odgovori: „Ne sili me tako, da te ostavim i da te ne slijedim dalje! Kamo ti ideš, tamo idem i ja, i gdje ti ostaneš, ondje ostajem i ja. Tvoj narod moj je narod, i tvoj Bog moj je Bog. Gdje ti umreš, umrijet ću i ja, i ondje hoću da budem i ja pokopana, Gospod neka učini s menom što hoće! Samo me smrt može rastaviti od tebe" (Ruta 1:16-17).

Ova Rutina ispovijed sadrži njenu snažnu volju i ljubav sa cijelim njenim životom u službi svoje svekrve. Grad njene svekrve je bio u Izraelu, mjesto koje je nepoznato Ruti. Nisu imali kuću ili išta tamo.

Ali ona nije mislila o tim okolnostima, nego je samo odabrala služiti svojoj svekrvi koja je bila sama. Ruta nikad nije zažalila svoj izbor i samo služila svojoj svekrvi sa nemijenjajućim srcem.

Jer je Ruta imala tako čisto srce, ona se mogla žrtvovati sa radosti i nemijenjajućim srcem služiti svoju svekrvu. Kao rezultat, ona je srela bogatog čovjeka imena Boaz koji je također bio dobar čovjek prema običajima Izraela i oni su imali sretnu obitelj. Ona je postala pra prabaka kralja Davida i njeno je ime ušlo u genologiju Isusa.

Blagoslovi za one čista srca

Kakvu vrstu blagoslova će čisti u srcu dobiti? Po Mateju 5:8, *„Blagoslovljeni su koji su čista srca! Oni će Boga gledati."*

Uvijek je nešto radosno biti sa onima koji su nam dragi. Bog je Otac našeg duha i On nas voli više nego mi sami sebe. Ako Ga možemo vidjeti licem u lice i biti na Njegovoj strani, ta sreća se ne može usporediti sa ničim drugim.

Neki mogu pitati, „Kako čovjek može vidjeti Boga?" Suci 13:22 govore: „*I reče Manoah ženi svojoj: 'Mi moramo sigurno umrijeti, jer vidjesmo Boga.'*"

Po Ivanu 1:18 kaže, „*Boga nitko nije vidio nikada.*" Na mnogim mjestima u Bibliji, mi možemo naći da ljudi nisu trebali moći vidjeti Boga i ako su to učinili, oni bi umrli.

Ali, Izlazak 33:11 govori, „*A govorio je Gospod s Mojsijem licem u lice, kao što govori netko s prijateljem svojim.*" Kada su Izraelci došli do planine Sinaj nakon Izlaska, Bog je došao dolje i oni mu nisu mogli prići zbog straha od smrti, ali Mojsije je mogao vidjeti Boga (Izlazak 20:18-19).

Nadalje, Izlazak 5:21-24 govori nam da je Henok hodao sa Bogom.

A Henok poživje šezdeset i pet godina i rodi mu se Metuselah. A rodivši mu se Metuselah poživje Henok hodeći s Bogom još trista godina, te mu se rode sinovi i kćeri. Tako poživje Henok svega trista i šezdeset i pet godina. I hodeći Henok jednako s Bogom, nestade ga jednoga dana, jer ga uze Bog.

Hodati sa Bogom ne znači da je Sam Bog sišao dolje na zemlju i hodao sa Henokom. To znači da je Henok uvijek komunicirao sa Bogom i Bog je preuzeo kontrolu nad svim u Henokovom životu.

Jednu stvar ovdje moramo znati da „hodati zajedno" i „biti zajedno" su posve različite stvari jedna od druge. „Bog biti zajedno" znači da nas On drži sa Svojim anđelima.

Kada mi pokušamo živjeti prema riječi, Bog nas štiti, ali On može hodati sa nama samo nakon što postanemo posve posvećeni. Prema tome, videći činjenicu da Henok hoda sa Bogom tristo godina, mi možemo vidjeti da je njega Bog jako volio.

Blagoslov viđenja Boga

Onda, koji je razlog da neki ljudi ne mogu vidjeti Boga dok drugi vide Boga licem u licem te čak i hodaju s njim?

3. Ivanova poslanica 1:11 kaže, *„Ljubljeni, ne ugledaj se na zlo, nego na dobro! Tko dobro čini, od Boga je; a tko zlo čini, nije vidio Boga."* Kao što je rečeno, oni koji su čisti u srcu mogu vidjeti Boga, ali oni čije je srce nečisto sa zlo ne mogu vidjeti Boga.

Mi to možemo vidjeti iz slučaja Stjepana koji je postao mučenik dok je propovijedao evanđelje u vrijeme rane crkve. U Djelima apostolskim poglavlje 7 mi možemo vidjeti da je Stjepan propovijedao evanđelje o Isusu Kristu i molio se čak i dok su ga kamenovali. To znači da do te mjere je njegovo srce bilo čisto i on nije imao grijeha u srcu. Zbog toga je on mogao vidjeti Gospoda koji stoji pri desnoj ruci Boga.

Oni koji mogu vidjeti Boga su čisti u srcu i oni mogu ići u bolje mjesto prebivališta na nebu u trećem kraljevstvu ili više. Oni mogu vidjeti Gospoda i Boga blizu i uživati u vječnoj sreći.

Ali oni koji idu u Prvo Kraljevstvo ili u Drugo Kraljevstvo Neba ne mogu vidjeti Gospoda blizu čak i ako žele jer duhovno svijetlo koje sja u njima i mjesto prebivanja su različiti prema nivou posvećenosti.

Kako postati čist u srcu

Sveti i savršeni Bog želi da mi budemo savršeni i čisti ne samo u djelima nego također u srcu odbacujući grijeh koji se nalaze duboko u našem srcu. Zato On kaže, *"Budite sveti, jer sam ja svet"* (1. Petrova poslanica 1:16), i *"Jer je ovo volja Božja, svetost vaša, da se čuvate od bludnosti"* (1. poslanica Solunjanima 4:3).

Sada, što trebamo učiniti da bismo imali čisto srce koje Bog zahtjeva od nas i ostvariti svetost u nama?

Oni koji se ljute moraju odbaciti ljutnju i postati blagi. Oni koji su bili arogantni moraju odbaciti aroganciju i poniziti se. Oni koji su mrzili druge moraju se promijeniti i biti u mogućnosti voljeti čak i svoje neprijatelje. Jednostavno rečeno, mi moramo odbaciti sve oblike zla i mučiti se protiv grijeha do točke prolijevanja krvi (Poslanica Hebrejima 12:4).

Do mjere u kojoj odbacimo zlo iz našeg srca, slušamo Božju

riječ, prakticiramo ju i ispunimo se sa istinom, mi možemo imati čisto srce. Biti će uzaludno ako samo čujemo riječ i ne prakticiramo ju. Pretpostavimo da je odjeća prljava i mi samo kažemo, „Oh, moram je oprati," ali ju samo ostaviš da leži.

Prema tome, ako vidimo prljave stvari u našem srcu slušajući riječ Boga, mi moramo jako pokušati ih odbaciti. Naravno, čistoća u srcu se ne može ostvariti samo sa ljudskom snagom i voljom. Mi to možemo shvatiti kroz ispovijed apostola Pavla.

Jer imam radost u zakonu Božjemu po unutrašnjem čovjeku, ali vidim drugi zakon u udima svojim, koji se protivi zakonu uma mojega i zarobljava me zakonom grijeha, koji je u udima mojim. Ja nesretni čovjek! Tko će me izbaviti od tijela smrti ove? (Poslanica Rimljanima 7:22-24).

Ovdje, „unutarnji čovjek" se odnosi na izvorno srce koje je Bog dao, koje je srce istine, radovanje u zakonu Boga i traženje Boga. U drugu ruku, postoji srce neistine koje želi počiniti grijeh, pa mi ne možemo odbaciti grijehe samo sa našim trudom.

Na primjer, mi možemo ovo vidjeti u ljudima koji ne mogu lako prestati piti i pušiti. Oni znaju da je pušenje cigara i previše alkohola štetno, ali oni ne mogu prestati. Oni čine novogodišnju odluku i pokušavaju prestati, ali ne mogu.

Znaju da je štetno, ali jer im se to zapravo sviđa, ne mogu prestati. Ali ako oni prime Božju snagu sa neba, oni mogu odustati odjednom.

To je isto sa grijehom i zlom u našem srcu. 1. poslanica Timoteju 4:5 kaže, *„Jer se posvećuje riječju Božjom i molitvom."* Kao što je rečeno, kada mi shvatimo istinu kroz riječi Boga i primimo Božju milost, snagu i pomoć Duha Svetog kroz vatrene molitve, mi ih možemo odbaciti.

Da bismo to učinili, ono što trebamo je naš trud i volja prakticirati riječ Boga. Ne bismo trebali prestati nakon prakticiranja riječi nekoliko puta. Ako se molimo i nekada postimo dok se konačno ne promijenimo, onda mi stvarno možemo odbaciti sve grijehe i imati čisto srce.

Čisti u srcu primaju odgovore i blagoslove

Blagoslovi oni koji su čisti u srcu nisu samo vidjeti sliku Boga Oca. To znači da oni mogu primiti odgovore na želje srca kroz molitve i oni mogu sresti i iskustiti Boga u svojim životima.

Jeremija 29:12-13 govori, *„Kad me zazovete i idete i pomolite se meni, uslišit ću vas. Kad me zazovete i idete i pomolite se meni, uslišit ću vas."* Oni će primiti odgovore Boga kroz iskrene molitve, pa će oni imati mnogo svjedočenja u svojim životima.

Ali ponekad, mi vidimo neke nove vjernike koji su upravo prihvatili Isusa Krista i ne žive zapravo u istini, nego primaju odgovore na svoje molitve. Iako njihovo srce nije potpuno čisto, oni susreću i iskušavaju živog Boga.

To je kao slučaj kada mala djeca učine nešto dražesno i

roditelji im daju što žele. Iako oni nisu potpuno ostvarili čisto srce, do mjere u kojoj su udovoljili Bogu unutar mjere njihove vjere, oni primaju odgovore na njihove razne molitve.

Nakon što sam susreo Boga, ja sam izliječen od svih svojih bolesti i obnovio sam zdravlje, ja sam počeo tražiti posao. Ali čak i ako su mi ponudili jako dobre uvijete, ja nisam uzeo nijednu od tih ponuda ako nisam mogao svetkovati Gospodov dan zbog posla. Pokušavao sam najbolje što mogu slijediti pravi put sa čistim srcem pred Bogom.

Bog je bio zadovoljan sa ovom vrstom srca i vodio me voditi malu knjižnicu. Išlo je jako dobro i planirao sam preći u veće mjesto. Čuo sam o jednom pogodnom mjestu.

Kada sam tamo otišao, vlasnik trgovine nije želio potpisati ugovor sa mnom jer njegov posao nije išao dobro jer je moja trgovina dobro poslovala. Morao sam odustati, ali kada sam mislio sa njegovog stajališta, bilo mi je žao za njega i ja sam se molio za njegov blagoslov iz dubine mojeg srca.

Kasnije, saznao sam, jedna velika knjižara će se otvoriti odmah ispred te trgovine. U toj trgovini ja ne bih bio konkurencija za tako veliku trgovinu. Bog koji zna sve radio je za dobro svega i spriječio nastanak tog ugovora.

Kasnije, ja sam prešao u drugu trgovinu. Nisam prihvaćao nikakve neuredne studente. Pušenje cigara i alkoholno piće je bilo zabranjeno u mojoj trgovini. Nedjeljom, kada je bilo najviše kupaca, ja sam zatvarao vrata da bih svetkovao Gospodov dan. U ljudskim mislima, posao nije mogao biti dobar na taj način. Ali radije, broj kupaca se povećavao i prodaja se povećavala. Pa je svatko morao prepoznati da me je Bog blagoslovio.

Usput, kako smo mi vodili kršćanski život, mi također možemo primiti dar govora u drugom jeziku ili druge darove Duha Svetog. Ovo je djelomično blagoslov „viđenja Boga."

> *Drugomu vjera u istom Duhu, drugomu milosni dar liječenja u jednom Duhu; Drugomu, da čini čudesa, drugomu proročanstvo, drugomu, da razlikuje duhove, drugomu različni jezici, drugomu, da tumače jezike, A ovo sve čini jedan i isti Duh, koji razdjeljuje svakome, kako hoće* (1. poslanica Korinćanima 12:9-11).

Ono čega se moramo sjetiti je da ako stvarno volimo Boga, onda mi ne bismo trebali biti zadovoljni sa vjerom djeteta. Mi moramo pokušavati najbolje što možemo odbaciti sve zlo iz našeg srca i postati brzo posvećeni tako da će nam vjera sazrijeti i shvaćati srce Boga.

2. poslanica Korinćanima 7:1, „*Imajući dakle ova obećanja, ljubljeni, očistimo se od svake ljage tijela i duha, te izvršimo posvećenje u strahu Božjemu!*" Kao što je rečeno, odbacimo sve nečistoće srca i ostvarimo svetost u nama.

Nadam se da ćemo mi biti uspješni u svim stvarima i primiti sve što pitamo, baš kao što se stablo posađeno pored vode neće osušiti, ali rađa obilne plodove čak i u suši. Također se nadam da ćeš moći vidjeti Boga licem u lice u vječnom nebeskom kraljevstvu.

Poglavlje 7
Sedmi blagoslov

Blagoslovljeni su mirotvorci!
Oni će se zvati sinovi Božji

Po Mateju 5:9

Blagoslovljeni su mirotvorci!
Oni će se zvati sinovi Božji.

Gdje postoje dvije države koje dijele granicu, oni imaju sukobe ili čak i ratove u kojima se svaka bori dobiti vlastite koristi ili prednosti. Ali postoje dvije države koje dijele istu granicu, ali imaju mir jako dugo vremena. To su Argentina i Čile.

Jako davno, imali su krizu koja ih je skoro odvela u rat zbog konflikta na granici. Religijski vođe obje države su molili ljude govoreći da je ljubav jedini način održavanja mira između dvije države. Ljudi su prihvatili što im je rečeno i izabrali mir. Oni su uzdigli stup sa Biblijskim stihom iz poslanice Efežanima 2:14, „*Jer je on mir naš, koji oboje sastavi u jedno, i poruši zid, koji nas je rastavljao.*"

Imati mir između država je imati dobre odnose između njih i u osobnim vezama oni moraju imati ugodna srca među sobom. Međutim duhovno značenje mira sa Bogom je malo drugačije. To je žrtvovati sebe za druge i služiti im. To je poniziti sebe i uzdignuti druge. Mi se ne ponašamo grubo. Čak i kad smo u pravu, mi možemo slijediti mišljenja drugih osima ako su neistine.

To je tražiti svačiju korist. To znači ne insistirati na našem osobnom mišljenju, nego uzeti u obzir druge prvo. To je slijediti mišljenja drugih i ne biti pristran i biti jednako prisutan na obje strane problema u danoj situaciji. Biti mirotvorac, mi moramo žrtvovati sebe. Prema tome, duhovno značenje mira je žrtvovati sebe čak i davati naše živote.

Isus je napravio mir žrtvujući sebe

Kada je Bog stvorio prvog čovjeka Adama, on je bio živi duh. On je uživao u autoritetu vladanja nad svim. Ali pošto je grijeh došao u njega tako što je jeo zabranjeno voće, Adam i svi njegovi potomci su postali grešnici. Sad postoji zid grijeha između ljudi i Boga.

Kao što je rečeno u poslanici Kološanima 1:21, *"I vas, koji ste nekad bili otuđeni i neprijatelji mišljenjem u zlim djelima,"* ljudi su se otuđili od Boga zbog grijeha.

Čovječanstvo je postalo grešno od vremena Adama, a Isus, Sin Boga, je postao žrtva iskupljenja za nas. On je umro na križu da bi uništio zid grijeha između Boga i ljudi i stvorio mir.

Osoba može pitati, „Zašto je svo čovječanstvo moralo postati grešno samo zbog grijeha Adama pošto je on bio jedna osoba?" To je ponešto kao prije dugo vremena kada su postojali robovi. Jednom kad postaneš rob, svi tvoji potomci su rođeni kao robovi.

Poslanica Rimljanima 6:16 piše, *"Ne znate li, da kojemu dajete sebe za sluge u pokornost, sluge ste onoga, kojemu se pokoravate, ili grijeha za smrt, ili pokornosti za pravdu?"* Jer je Adam poslušao neprijatelja vraga i počinio grijeh, svi nakon njega su postali grešnici.

Donijeti mir između Boga i čovječanstva koje je postalo grešno, bezgrešni Isus je razapet. Poslanica Kološanima 1:20 kaže *"Jer se je dopalo Bogu, da u njemu stanuje sva punina, i po njemu da pomiri sve sa sobom, učinivši mir krvlju križa njegova, bilo što je na zemlji ili na nebesima."* Isus je postao žrtva iskupljenja za oprost naših grijeha i On je kupio mir između Boga i ljudi.

Jesi li ti mirotvorac?

Baš kao što je Isus sišao na ovu zemlju u ljudskom tijelu i postao Mirotvorac, Bog želi da mi imamo mir sa svima. Naravno, kada mi vjerujemo u Boga i učimo istinu, obično mi nećemo namjerno kidati mir. Ali sve dok imamo vlastitu pravednost misleći da smo u pravu, mi ćemo nesvjesno kidati mir.

Mi možemo shvatiti jesmo li ovakva vrsta osobe provjeravajući prilagođavamo li sve drugima ili drugi sve prilagođavaju nama. Na primjer, između muža i žene, pretpostavimo da žena ne voli slanu hranu dok muž voli slanu hranu.

Žena govori mužu da slana hrana nije dobra za zdravlje, ali on svejedno voli slanu hranu. Žena ga ne razumije. Sa stajališta muža, on ne može lako promijeniti svoj ukus.

Ovdje, ako žena insistira da njen muž slijedi njen savjet jer je ona upravu, svađe će moći proizaći. Prema tome, da bi imali mir, mi bismo trebali uzeti u obzir druge i pomoći im shvatiti da bi se promijenili malo po malo prema boljem.

Isto tako, kada mi pogledamo uokolo, mi lako možemo vidjeti da se mir kida zbog tako malih stvari. To je zbog naše pravednosti sa kojom mislimo da smo u pravu.

Prema tome, mi bismo se trebali provjeriti tražimo li vlastitu korist prije koristi drugih, ili insistiramo li na našim opcijama jer smo mi u pravu i govorimo istinu, iako znamo da druga osoba ima poteškoće. Isto tako, mi bismo se trebali provjeriti želimo li da nas naši podčinjeni nepogovorno slušaju i slijede nas samo zato što smo stariji.

Onda, mi možemo shvatiti jesmo li stvarno mirotvorci. Generalno, lako je imati mir sa onima koji su dobri prema nama. Ali Bog nam govori da imamo mir sa svim ljudima i posvećenost.

Težite za mirom sa svima i za posvećenjem, bez kojega nitko neće vidjeti Gospodina (Poslanica Hebrejima 12:14).

Mi bismo trebali moći imati mir čak i sa onima koji nas ne vole, mrze nas ili nam uzrokuju poteškoće. Iako se čini da smo mi apsolutno u pravu, ako druga osoba ima poteškoće ili joj je nelagodno zbog nas, to nije pravedno u vidu Boga. Onda, kako možemo imati mir sa svim ljudima?

Imati mir sa Bogom

Prvo, moramo imati mir sa Bogom.

Izaija 59:1-2 govori, *„Gle, nje prekratka ruka Gospodnja, da* *pomogne, nije gluho njegovo uho, da čuje. Ne, zlodjela vaša rastavljaju vas s Bogom vašim, grijehi vaši zaklonili su lice njegovo od vas, da ne čuje."* Ako počinimo grijehe, zid grijeha će nas blokirati od Boga.

Prema tome, imati mir sa Bogom znači nemati zid grijeha koji rezultira od grijeha između Boga i nas.

Kada mi prihvatimo Isusa Krista, oprošteni su nam svi grijesi koje smo počinili do tog trenutka (Poslanica Efežanima 1:7). Zbog toga, zid grijeha između Boga i nas je uništen i mir je uspostavljen.

Ali mi moramo imati na umu da ako nastavimo činiti grijehe nakon što su naši grijesi oprošteni, zid grijeha će se ponovno stvoriti.

Možemo razumjeti iz Biblije da postoji mnogo vrsta problema koje grijeh uzrokuje. Kada je Isus ozdravio paraliziranog čovjeka po Mateju poglavlje 9 On mu je prvo oprostio grijehe. Nakon što je On ozdravio čovjeka koji je bio bolestan 38 godina, On je rekao, po Ivanu 5:14, *„Eto si ozdravio. Ne griješi više, da ti se ne dogodi što gore!"*

Prema tome, kada se mi pokajemo naših grijeha, okrenemo i živimo prema riječi Boga, mi možemo imati mir sa Bogom. Tada također možemo primiti blagoslove kao Njegova djeca. Ako imamo bolest, mi ćemo biti ozdravljeni i biti zdravi, ako imamo financijske poteškoće, problem će otići i mi ćemo biti bogati. Na ovaj način, mi primamo odgovore na želje našeg srca.

Imati mir sa sobom

Sve dok imamo mržnju, zavist, ljubomoru i druge vrste zla, one će nas uzrujavati prema vrsti situacije. Onda, mi ćemo patiti zbog njih i ne možemo imati mir.

Postoji korejska poslovica koja glasi, „Kada rođak kupi zemlju, ti dobiješ bolove." To je izraz zavisti. Osoba će patiti zbog zavisti, neće mu se sviđati situacije u kojoj je drugima dobro. Isto tako, sve dok imamo zavist, ljubomoru, aroganciju, svađanje, preljubnički um i druge oblike zla u našem srcu, mi ne možemo imati mir. Duh Sveti će također jecati, tako da će se naše srce osjećati nelagodno.

Prema tome, da bismo imali mir sa samima sobom, mi moramo odbaciti zlo iz našeg srca i slijediti želje Duha Svetog.

Kada mi prihvatimo Isusa Krista i imamo mir sa Bogom, Bog šalje dar Duha Svetog u naša srca (Djela apostolska 2:38).

Duh Sveti, koji je srce Boga, dopušta nam zvati Boga „Oče." On nam dopušta shvatiti o grijehu, pravednosti i sudu. Božja djeca onda mogu živjeti prema riječi Boga vođeni Duhom Svetim.

Kada mi prakticiramo riječ Boga i slijedimo želje Duha Svetog sa pomoći Duha Svetog, On se raduje u našem srcu. Pa, mi možemo imati ugodu u srcu i mi možemo imati mir sa samim sobom.

Nadalje, do mjere u kojoj potpuno odbacimo zlo iz našeg srca, mi nećemo imati mučenja protiv grijeha, pa mi možemo imati potpuni mir sa sobom. Samo nakon što imamo mir sa sobom mi možemo također imati mir sa drugima.

Imati mir među ljudima

Ponekad, mi možemo vidjeti ljude koji su vatreni i puni strasti prema svojim Bogom danim dužnostima. Oni vole Boga i posvete se, ali oni nemaju mir sa braćom u vjeri.

Ako oni misle da je to korisno za kraljevstvo Boga, oni ne slušaju mišljenja drugih nego samo nastave strastven nastavak svojeg posla. Onda, nekim drugima će postati nelagodno im imati osjećaje suprotstavljanja prema njima.

U toj situaciji, oni koji nemaju mir sa drugima će misliti da je to cijena koju moraju platiti da bi ostvarili nešto dobro za kraljevstvo Boga. Njih nije zapravo briga čak i ako neki ljudi imaju suprotno mišljenje od njihovog ili ako su pruzrokovali nelagodne osjećaje u drugima.

Ali oni sa dobrotom će uzeti u obzir srca svakoga, tako da oni mogu imati mir i prihvatiti druge. Pa, mnogi ljudi mogu doći do njih.

Dobrota u srcu istine je slijediti dobrotu u srcu. To znači biti dobar i velikodušan. Isto tako, to znači uzeti u obzir druge bolje od sebe i brinuti se za druge (Poslanica Filipljanima 2:3-5).

Po Mateju 12:19-20 govori, *„Neće se prepirati i neće bučiti, nitko neće po ulicama čuti glasa njegova. Trske stučene neće prelomiti i stijenja što tinja neće ugasiti, dok pravdu ne privede pobjedi."*

Ako imamo ovu vrstu dobrote, mi se nećemo svađati sa drugima. Nećemo se pokušati hvaliti ili biti uzdignuti. Voljet ćemo čak i one koji su slabi kao slomljena trska ili zli kao zapaljeni fitilj. Mi ćemo ih prigrliti nadajući se najboljem za njih.

Na primjer, pretpostavimo da prvi sin kupuje neki jako dobar dar za svoje roditelje zbog svoje ljubavi za njih. Ali ako on kritizira svoju braću koja ne mogu učiniti isto, kako će se njegovi roditelji osjećati zbog toga? Vjerojatno, oni bi željeli da njihova djeca imaju mir i ljubav radije od primanja skupog i dobrog dara.

Na isti način, Bog želi da mi shvatimo Njegovo srca i sličimo Njegovom srcu prvo radije nego jako ostvarivati Njegovo kraljevstvo. Osim ako je apsolutna istina, mi bismo trebali razmislili o slaboj vjeri drugih da bismo slijedili mir.

Od kad sam pastor u ovoj crkvi, ja nikad nisam imao nelagodne osjećaje prema onim pastorima ili radnicima koji nisu rodili ispravne plodove. Gledao sam na njih sa vjerom i ustrajnosti dok nisu primili više snage od Boga i ispunili dobro svoje dužnosti.

Ako ja insisitriam na svojem stajalištu, ja bih ih mogao savjetovati govoreći, „Zašto ne napraviš drugi posao, primi više moći slijedeće godine i onda se kasnije možeš vratiti na ovaj posao."

Ali zbog straha da će netko izgubiti srce, ja to nisam činio. Kada mi imamo dobrote ne kidati slomljenu trsku ili gasiti tinjajući fitilj, mi ćemo imati mir sa svim ljudima.

Mir kroz našu žrtvu

Po Ivanu 12:24, *„Zaista, zaista, kažem vam: Ako zrno pšenično ne padne u zemlju i ne umre, ostane za se samo. Ako* *li umre, mnogo roda rodi."* Kao što je rečeno, kada se mi žrtvujemo potpuno u svakom dijelu, mi možemo imati mir i obilan plod. Prvenstveno, kada sjeme padne na zemlju i umre, ne može niknuti i roditi mnogo ploda.

Što je Isus učinio? On se potpuno žrtvovao. On je razapet za čovječanstvo koje je cijelo grešno. On je otvorio put spasenja i pridobio nebrojenu Božju djecu.

Isto tako, kada se mi prvi žrtvujemo, kada služimo drugima u svakom dijelu bilo to u obitelji, na radnom mjestu ili crkvi, mi možemo imati prekrasan plod mira.

Svatko ima različite mjere vjere (Poslanica rimljanima 12:3). Svatko ima drugačija mišljenja i ideje. Nivo izobrazbe, karakter i okolnosti u kojima su odgajali su svi različiti, pa svatko ima drugačiji standard o tome što voli i što misli da je u redu.

Svatko ima drugačiji standard i prema tome ako svatko insistira na tome što on želi, mi ne možemo nikad imati mir. Čak i ako smo upravu, te čak i ako imamo neku nelagodu zbog drugih, mi se moramo žrtvovati da bismo imali mir.

Pretpostavimo da dvije sestre koje imaju potpuno različite stilove života dijele sobu.

Starija voli stvari čiste, ali mlađa nije takva. Starija pita mlađu da se promijeni. Kada mlađa ne posluša nekoliko puta, starija sestra može postati iritirana. Ona će u konačnici to pokazati izvana. U konačnici, biti će svađa.

Ovdje, očito je da je imati čistu sobu bolje, ali ako se mi

naljutimo i uvrijedimo druge svojim riječima, to nije u redu. Čak i ako imamo nešto nelagodno, mi bismo trebali sačekati sa ljubavi za tu osobu dok se ona ne promijeni imati mir.

Postojao je čovjek imena Minson. On je izgubio majku kad je bio jako mlad. Imao je maćehu. Njegova maćeha je imala dva mlađa sina.

Ona je maltretirala Minsona; davala je dobru hranu i dobru odjeću samo svojim vlastitim sinovima. Minson je morao drhtati na hladnoj zimi noseći odjeću napravljenu od trske.
Jedan hladni zimski dan, dok je Minson gurao kola dok je njegov otac vukao, on je drhtao toliko puno da je drhtanje prešlo na kola. Njegov otac je dodirnuo sinovu odjeću i konačno shvatio da njegov sin nosi odjeću od trske.
„Kako je to mogla učiniti?" On je bio bijesan i htio je izbaciti svoju novu ženu iz kuće. Ali tada je Minson molio svojeg oca da to ne čini. „Oče molim te ne ljuti se. Kada je njihova majka ovdje, samo jedan sin će patiti, ali ako je on izbačena, sva tri sina će patiti."
Maćeha je dotaknuta s tim riječima. Ona je pokajala svoje pogreške sa suzama i oni su imali mirnu obitelj nakon toga.
Isto tako, oni koji imaju blagost kao pamuk i nemaju svađe ili probleme sa drugima će biti dobrodošli i voljeni svuda. Takvi ljudi su mirotvorci. Oni mogu žrtvovati sebe za druge čak i dati svoje živote.

Abraham mirotvorac

Većina ljudi želi imati mir u svojim životima, ali oni to ne mogu zapravo napraviti. To je zato što traže svoju korist i prednosti.

Ako to ne tražimo za sebe, može se činiti da pretrpimo gubitak, ali sa očima vjere, to nije istina. Kada slijedimo volju Boga tražiti korist drugih, Bog će nam vratiti sa Svojim odgovorima i blagoslovima.

U Postanku poglavlje 13, mi možemo vidjeti Abrahama i njegovog nećaka Lota. Lot je izgubio oca rano u svojem životu i slijedio je Abrahama kao svog vlastitog oca. Kao rezultat, on je također primio blagoslove kada je Abrahama volio i blagoslovio Bog. Njihovo je imanje bilo pozamašno. Ne samo srebro i zlato, nego također i puno stoke. Pa, vode nije bilo dovoljno i pastiri sa dvije strane su se svađali.

Konačno, da bi izbjegao svađu između dvije obitelji, Abraham je odlučio podijeliti mjesto prebivanja. U to vrijeme, Abraham je dao pravo prvog izbora da izabere bolju zemlju.

> *Nije li sva zemlja pred tobom? Odijeli se radije od mene! Ako ćeš ti nalijevo, ja idem nadesno; ako li ćeš ti nadesno, ja idem nalijevo* (Postanak 13:9).

Pa, Lot je uzeo dolinu Jordana jer je imala obilno vode. Sa Abrahamovog stajališta, Lot je bio blagoslovljen zbog njega i u redu obitelji, on je bio ujak a Lot nećak, pa je on taj koji bi trebao uzeti bolju zemlju. Isto tako, da je Abraham dao pravo prvog izbora Lotu kao obično djelo, on bi mislio da je to neprilično Lotovo djelo.

Ali, iz dubine svojeg srca, Abraham je želio da njegov nećak Lot uzme bolju zemlju. Zbog toga je on mogao imati mir sa Lotom i kao rezultat on je primio još veće blagoslove od Boga.

A Gospod reče Abramu, pošto se bio Lot odijelio od njega: „Podigni oči svoje i pogledaj s mjesta, gdje stojiš, prema sjeveru, jugu, istoku i zapadu; Jer svu zemlju, što je vidiš, dat ću tebi i potomstvu tvojemu zauvijek. I učinit ću, da potomstva tvojega bude kao praha na zemlji. Ako tko mogne izbrojiti prah na zemlji, moći će tada izbrojiti i potomstvo tvoje. Ustani i prođi zemlju u dužinu i u širinu, jer ću je dati tebi"
(Postanak 13:14-17).

Od tada, Abrahamovo bogatstvo i autoritet su bili tako veliki da su ga čak poštovali i kraljevi. Sa svojim dobrim srcem, mogao se zvati i „Božjim prijateljem."

Onaj koji traži korist drugih u svim stvarima će činiti stvari koje drugi želi, ne što on želi. Ako je on udaren na desni obraz, on će okrenuti svoj lijevi. On može dati svoj plašt kao i svoju tuniku nekome tko pita za to i on može ići dvije milje sa onim tko ga prisili ići jednu milju s njim (Po Mateju 5:39-41).

Baš kao što se Isus molio za one koji su Ga razapinjali, on se također moliti za svoje neprijatelje i za njihov blagoslov. On se može moliti za one koji ga progone. Kada se mi žrtvujemo iz dubine našeg srca i tražimo korist drugih, mi možemo imati mir.

Mir samo u istini

Jedna stvar oko koje moramo biti pažljivi je da postoji razlika između biti strpljiv i bojati se mana drugih da bismo imali mir i samo ignorirali nešto prezirno. Imati mir ne znači da mi samo izbjegavamo ili radimo kompromise sa osobom kada brat griješi. Mi moramo imati mir sa svima ali moramo imati mir unutar istine.

Na primjer, može nas obiteljski član ili kolega na radnom mjestu pitati da se poklonimo pred idolima. Mogu nas pitati da pijemo alkohol. To je protiv riječi Boga (Izlazak 20:4-5; Poslanica Efežanima 5:18), pa mi moramo odbiti i izabrati put koji je ugodan Bogu.

Ali kada to činimo, moramo biti mudri. Ne bismo trebali povrijediti osjećaje drugih. Trebamo biti ljubazni prema njima svo vrijeme. Moramo pridobiti njihovo srce sa našom vjernosti. Tada ih možemo uvjeriti sa nježnim srcem i pitati ih za njihovo razumijevanje.

Ovo je svjedočanstvo jedne od sestara u našoj crkvi. Nakon što je zaposlena, imala je nekih problema sa svojim kolegama u to vrijeme. Oni su željeli da ona izlazi i ide na susrete nedjeljom, ali ona je željela svetkovati Gospodov dan.

Pa, njeni kolege i nadčinjeni su je namjerno izostavili. Ali ona se nije brinula oko toga i samo nastavila vjerno raditi, čak je volontirala čineći zadatke drugih zaposlenika. Kada su vidjeli da ona odaje takvu aromu Krista, ona ih je dirnula. Sada, oni imaju susrete danima osim nedjelje te oni čak stavljaju svoje datume vjenčanja subotom, ne nedjeljom.

Blagoslovi zvati se sinovima Boga

Po Mateju 5:9 kaže, *„Blagoslovljeni su mirotvorci! Oni će se zvati sinovi Božji."* Kako je veliki blagoslov zvati se sin Boga?

Ovdje „sinovi" se ne odnosi samo na muške, nego na svu djecu Boga. Ali to je mala razlika od „sinova" u Poslanici Galaćanima 3:26 koja kaže, *„Jer ste svi sinovi Božji po vjeri u Kristu Isusu."* U Poslanici Galaćanima samo su sinovi koji su spašeni. Ali „sinovi Boga" za mirotvorce ima dublje duhovno značenje. Prvenstveno, to su prava djeca koje Sam Bog prihvaća.

Svi koji su prihvatili Isusa Krista i imaju vjeru su djeca Boga. Po Ivanu 1:12 kaže *„A svima, koji ga primiše, dade vlast, da budu djeca Božja. Onima, koji vjeruju u ime njegovo."* Ali iako smo svi mi bili spašeni i postali Božja djeca, nije svaki vjernik isti.

Na primjer, među mnogo djece, postoje neki koji razumiju srca roditelja i daju utjehu, dok drugi zadaju poteškoće svojim roditeljima.

Isto tako, čak i sa stajališta Boga, neka djeca brzo odbacuju zlo iz svojeg srca i slušaju riječ, dok druga djeca se ne mijenjaju čak ni nakon dugo vremena. Oni samo nastavljaju ne slušati.

Ovdje, koju djecu Bog smatra boljom? Očito su to ona koja više sliče Gospodu, imaju čisto srce i slušaju riječ. U Postanku 17:1 piše, *„Ja sam Bog Svemoćni; hodi preda mnom i budi savršen!"* Bog želi da njegova djeca budu nevina i savršena.

Da bismo se mi mogli zvati sinovi Boga, mi moramo sličiti slici Isusa našeg Spasitelja (Poslanica Rimljanima 8:29). Isus, Sin Boga, postao je mirotvorac žrtvujući Se čak i na Svojem razapeću.

Isto tako, kada mi sličimo Isusu u žrtvovanju sebe i traženju mira mi se možemo zvati sinovi Boga. Mi također možemo uživati duhovni autoritet i moć koju je Isus uživao (Po Mateju 10:1).

Baš kao što je Isus ozdravio mnoge bolesti, istjerao demone i oživio mrtve, ako se mi zovemo sinovi Boga onda mi također možemo izliječiti neizlječive bolesti kao što su rak, AIDS i leukemiju.

Nadalje, čak i bogalje, slijepe, mrtve, nijeme i one sa dječjom paralizom mi možemo napraviti cijelima. Njihove oči progledaju i oni prohodaju te čak i mrtvi ustanu.

Neprijatelj vrag će se bojati i drhtati, pa oni koje su demoni zarobili ili sa moći tame će biti oslobođeni (Po Marku 16:17-18). Biti će prikazivanje ozdravljivanja koje idu izvan limita vremena i prostora. Nevjerojatni radovi se mogu dogoditi kroz stvari koje mi posjedujemo kao što su rupci u slučaju Pavla (Djela apostolska 19:11-12).

Isto tako, baš kao što je Isus smirio vjetar i valove, mi ćemo moći prouzrokovati promjenu u vremenskim uvjetima (Po Mateju 8:26-27). Kiše će stati i mi ćemo čak moći promijeniti smjer tajfuna ili uragana ili učiniti da nestane. Možemo vidjeti duge na jako jasan dan.

Osim tih, ako se zovemo sinovima Boga, mi ćemo ući u Novi Jeruzalem u kojem stoluje tron Boga. Tamo mogu uživati slavu i čast kao Njegova prava djeca. Ako imamo vjeru biti spašeni, mi ćemo ući u Raj, ali ako postanemo prava djeca koja se nazivaju sinovi Boga, mi ćemo ući u Novi Jeruzalem, najljepše mjesto prebivanja u nebeskom kraljevstvu.

Kako je velika čast i slava za princa koji će primiti tron? I ako sličimo Bogu koji je Vladar svega i ako se zovemo sinovima Boga, naša čast i dostojanstvo će biti jako veliko! Mi ćemo biti u pratnji nebeske vojske i anđela i biti ćemo hvaljeni sa nebrojenim ljudima u nebeskom kraljevstvu zauvijek.

Nadalje, mi ćemo uživati u svim vrstama prekrasnih stvari i velikih i veličanstvenih kuća u prekrasnom Novom Jeruzalemu. Mi ćemo zauvijek živjeti u neizrecivoj magnitudi sreće.

Prema tome, mi bismo trebali uzeti vlastiti križ i postati mirotvorci sa srcem Gospoda koji Se žrtvovao do točke razapinjanja, tako da možemo primiti Božju veliku ljubav i blagoslove.

Poglavlje 8
Osmi blagoslov

Blagoslovljeni su, koji trpe progonstvo zbog pravde!
Njihovo je kraljevstvo nebesko

Po Mateju 5:10

„Blagoslovljeni su, koji trpe progonstvo zbog pravde! Njihovo je kraljevstvo nebesko."

„Vjeruj u Isusa Krista i primi spasenje."

„Možeš primiti blagoslove u svim stvarima vjerujući u svemoćnog Boga."

Često propovjednici kažu da kad mi vjerujemo u Isusa Krista mi možemo primiti spasenje i blagoslove u svim stvarima i mi možemo biti uspješni u našim životima primajući odgovore na sve vrste životnih problema.

Samo u našoj crkvi mi dajemo slavu Bogu sa tako puno svjedočenja svaki tjedan.

Međutim, Biblija nam također govori da će biti poteškoća i progona kada mi vjerujemo u Isusa Krista. Mi ćemo primiti blagoslove vječnog života i blagoslove na ovoj zemlji do mjere u kojoj smo odustali i žrtvovali se za Gospodovu korist, ali mi ćemo također primiti progone (Poslanica Filipljanima 1:29).

> *Zaista, kažem vam: Nitko zbog mene i zbog evanđelja ne ostavlja kuće, brata, sestre, majke, oca, djeteta ili polja, a da ne primi sve stostruko: već sada u ovom svijetu – ako i s progonima – kuću, brata, sestru, majku, dijete i polje, a u budućem svijetu život vječni* (Po Marku 10:29-30).

Biti progonjen za pravednost

Što znači biti progonjen za pravednost? To su progoni sa kojima se suočavamo kada živimo prema riječi Boga slijedeći istinu, dobrotu i svjetlo.

Naravno, mi se ne moramo suočiti sa progonima ako samo radimo kompromise i ne vodimo ispravan kršćanski život. Ali u 2. poslanici Timoteju 3:12 kaže, *"A i svi, koji pobožno hoće da žive u Kristu Isusu, trpjet će progonstvo."* Ako slijedimo riječ Boga, mi se možemo susresti sa poteškoćama ili primiti progone bez razloga.

Na primjer, kada mi ne vjerujemo u Isusa Krista, mi možemo piti i koristiti uvredljiv govor i pokazivati grubo ponašanje. Ali nakon primanja milosti Boga, mi pokušavamo prestati piti te živjeti dobar život. Pa, mi ćemo prirodno biti naklonjeni odmaknuti se od nevjerničkih kolega i poznanika. Čak i ako se družimo sa njima, oni ne mogu uživati u istim stvarima sa nama kao prije, pa oni mogu biti razočarani ili reći nešto protiv našeg novog ponašanja.

Također i u mojem slučaju, prije nego sam prihvatio Gospoda, ja sam imao mnogo prijatelja koji su pili sa mnom. Isto tako, kada se rodbina okupila pili bismo puno. Ali nakon što sam prihvatio Gospoda, na sastanku oživljenja, volja Boga nam je govorila da ne pijemo i ja sam odmah prestao piti.

Ja nisam služio nikakva alkoholna pića svojoj braći, drugim rođacima ili prijateljima. Pa su mi oni prigovarali da ih ne tretiram kako bi ih trebao tretirati.

Nadalje, nakon što prihvatimo Gospoda i svetkujemo Gospodov dan, mi ponekad ne možemo ići na neke izlaske na našem poslu ili druge socijalne sastanke. U obitelji koja nije evangelizirana mi se možemo susresti čak i sa progonima jer se ne poklanjamo pred idolima.

Zlo mrzi svjetlo

Onda, zašto bi mi trebali patiti kada vjerujemo u Gospoda? To je isto kao što se ulje i voda ne miješaju. Bog je Svjetlo i oni koji vjeruju u Gospoda i žive u svijetu duhovno pripadaju Svjetlu (1. Ivanova poslanica 1:5). Ali gospodar ovog svijeta je neprijatelj vrag i Sotona, vladar tame (Poslanica Efežanima 6:12).

Prema tome, baš kao što tama nestaje pred svjetlom, kada broj vjernika koji vole svjetlo raste, vladajuća moć neprijatelja vraga i Sotone pada. Neprijatelj vrag i Sotona kontroliraju svjetovne ljude koji im pripadaju. Oni ih potiču da progone vjernike tako da oni više ne budu vjernici.

> *Jer svaki, koji čini zlo, mrzi na svjetlost i ne dolazi k svijetlu, da ne dođu na vidjelo njegova djela. A tko čini istinu, dolazi k svijetlu, da se vide djela njegova, jer su u Bogu učinjena* (Po Ivanu 3:20-21).

Oni koji imaju dobro srce mogu biti dotaknuti i prihvatiti evanđelje kada vide druge kako žive prema riječi Boga u pravednosti. Ali oni koji su zli mogu misliti da je takva stvar budalasta. Oni to mrze i progone vjernike zbog toga.

Neki pokušavaju nagovoriti vjernike sa svojom logikom. Oni kažu, „Moraš li biti takav ekstremist? Postoje ljudi koji su odgajani u kršćanskim obiteljima. Neki od njih su starješine u crkve, ali oni još uvijek piju." Ali Božja djeca nikad ne bi trebala djelovati u nepravednosti koju Bog mrzi samo zbog svojih kolega, rođaka ili prijatelja kojima su povrijeđeni osjećaji koji bole samo trenutno.

Bog je dao Svojeg jednog i jedinog Sina za nas koji smo grešnici. Isus je pretrpio sve vrste ruganja i progona i konačno umro na križu uzimajući naše grijehe. Ako mislimo o ovoj ljubavi, mi ne možemo raditi kompromise sa svijetom pod bilo kakvim vrstama progona samo zbog trenutne ugode.

Slučajevi progona zbog pravednosti

U 605. prije Krista, invazijom Nabukodonazera iz Babilona, Šardak, Mešak i Adeb-Nego su postali zarobljenici zajedno sa Danielom. Čak i u stranoj kulturi koja je bila požudna i puna idola, oni su držali svoje poštovanje u vjeru u Boga.

Jedan dan, suočili su se sa jako teškom situacijom. Kralj je napravio zlatni kip i natjerao da se svaka osoba u zemlji pokloni pred njim. Ako je bilo tko prekršio kraljevu zapovijed, on će biti bačen u vatrenu peć.

Šardak, Mešak i Adeb-Nego su mogli lako izbjeći bilo kakvu nevolju samo se klanjajući, ali oni se nikad nisu poklonili.

To je zato što u Izlasku 20:4-5 kaže, „*Ne pravi sebi lika rezana, niti kakve slike od onoga, što je gore na nebu ili dolje na zemlji ili u vodi pod zemljom! Ne padaj ničice pred njima i ne klanjaj se njima; jer ja, Gospod, Bog tvoj, jesam Bog revnitelj, koji kazni zlodjela otaca na djeci, na unučadi i praunučadi onih, koji me mrze, a milosrđe iskazuje do u tisućno koljeno onima, koji me ljube i drže zapovijedi moje.*"

Konačno, Danielova tri prijatelja su morala biti bačena u vatrenu peć. Kako je dirljiva njihova ispovijed morala biti u tom trenutku!

Jer evo, Bog naš, kojega poštujemo, ima moć da nas izbavi iz peći ognjene užarene. On će nas, kralju, osloboditi iz tvoje ruke! Ako li to ne učini, znaj, kralju, da mi ni tada nećemo poštovati tvojih bogova i nećemo se pokloniti zlatnome liku, što si ga podigao!
(Daniel 3:17-18).

Čak i u situacijama opasnim po život, oni nisu radili kompromise nego su držali vjeru. Bog je vidio njihovu vjeru i spasio ih iz vatrene pećnice.

Progoni zbog vlastitih mana

Jedna stvar koju moram zapamtiti ovdje je da nema puno

slučajeva gdje su progoni zbog vlastitih mana radije nego progoni zbog pravednosti kao Danielova tri prijatelja.

Na primjer, postoje neki vjernici koji nisu ispunili sve svoje dužnosti govoreći da rade Božji rad.

Ako student ne uči i ako se domaćice ne brinu za domaćinstvo da bi se koncentrirali na crkvene dužnosti, njih će članovi obitelji progoniti. Uzrok progona je taj što su zapostavili svoje učenje ili svoj rad. Ali oni pogrešno shvaćaju da su oni progonjeni jer čine Gospodov rad.

Vjernik ne mora teško raditi na svojem poslu i on pokušava prebaciti svoj posao na drugu osobu dajući izgovore crkvenog rada. Onda, on će biti upozoren ili prekoren na radnom mjestu. Ovo nije biti progonjen zbog pravednosti.

1. Petrova poslanica 2:19-20 kaže, *"Jer je ovo ugodno, ako tko iz savjesnosti prema Bogu podnosi žalosti, kad trpi nepravdu. Jer kakva je slava, ako zbog prestupaka podnosite kazne? Ali ako dobro činite i pritom strpljivo trpite, to je ugodno pred Bogom."*

Blagoslovljeni su oni koji su progonjeni zbog pravde

Po Mateju 5:10 kaže, *"Blagoslovljeni su, koji trpe progonstvo zbog pravde! Njihovo je kraljevstvo nebesko."* Zašto Biblija kaže da smo blagoslovljeni? Progone koje osoba prima zbog zla ili bezakonja ne mogu biti blagoslovi ili nagrade.

Ali progoni zbog pravde su blagoslovi jer onaj koji prima takve progone posjeduje nebesko kraljevstvo.

Kako zemlja postaje tvrđa nakon kiše, nakon prolaska progona, naše srce će biti čvršće i savršenije. Mi možemo pronaći neistine o kojima nismo svjesni prije nego ih odbacimo. Mi možemo kultivirati blagost i mir i sličiti srcu Gospoda tako da volimo čak i naše neprijatelje.

Prije, ako smo udareni u jedan obraz mi bismo se naljutili i vratili udarac. Ali kroz progone, mi naučimo o službi i ljubavi tako da možemo čak okrenuti drugi obraz.

Isto tako, oni koji su bili tužni i prigovarali kad su se suočavali sa poteškoćama mogu imati čvrstu vjeru kroz progone. Oni sada imaju nadu za nebesko kraljevstvo i oni su zahvalni i radosni u bilo kojoj situaciji.

Dopusti mi da ti dam još jedan primjer iz života. Jedan od crkvenih članova je imao problema sa svojim kolegama na poslu zbog jedne stvari. Ta osoba bi blatila vjernike bez razloga. Njegova su djela manjkala osjećajnosti i taj vjernik je morao puno patiti zbog toga.

Drugi ljudi su govorili da je on dobar čovjek, ali kroz ovu situaciju vjernik je pronašao da on također ima mržnje u svojem srcu. On je odlučio prigrliti svojeg kolegu u svojem srcu jer nam Bog govori voli čak i svoje neprijatelje. On se prisjetio što ta osoba voli i povremeno joj to dao.

Isto tako, kako se molio za tu osobu, on je dobio pravu ljubav za nju i njihova je veza postala bliža i srdačnija od bilo koje druge među njegovim kolegama.

Pa, Psalam 119:71 kaže, "*Na spasenje je meni, što moram trpjeti, da upoznam naredbe tvoje.*" Kroz toliko patnje mi se možemo poniziti još više. Mi odbacujemo grijehe i zlo uzdajući se u Gospoda i postajemo posvećeni. S vremenom progoni će prirodno nestati.

Ako smo mi progonjeni zbog pravednosti, naša vjera će rasti. Onda, nas će drugi još više poštovati i mi ćemo također primiti duhovne i materijalne blagoslove koje nam Bog daje. Nadalje, do mjere u kojoj ostvarimo pravednost u nama, mi možemo krenuti u bolje mjesto prebivanja u nebeskom kraljevstvu. Kako je to velik blagoslov!

Nebesko mjesto prebivanja i slave su različite

Onda, koja je razlika između neba koje oni siromašni u srcu imaju i neba koje imaju oni progonjeni zbog pravednosti? Zapravo je velika razlika.

Prvo je nebo sa generalnim značenjem u koji svatko tko je spašen ulazi. Drugo znači da ćemo mi ući u bolje mjesto prebivanja na nebu do mjere u kojoj smo progonjeni zbog djelovanja u pravednosti.

Do mjere u kojoj ostvarimo posvećenost i postanemo prava djeca koju Bog želi i prema tome koliko dobro ispunjavamo naše dužnosti, mjesto prebivanja i nagrade na nebu će biti različite.

Po Ivanu 14:2-3 kaže, *„U kući Oca mojega mnogi su stanovi. Kad ne bi bilo tako, bio bih vam rekao, jer idem da vam pripravim mjesto."*

Isto tako, 1. poslanica Korinćanima 15:41 govori: *„Druga je slava suncu, i druga slava mjesecu, i druga slava zvjezdama; jer se zvijezda od zvijezde razlikuje u slavi."* Mi možemo vidjeti da nebeska prebivališta i slava koju ćemo imati na nebu će biti različita prema mjeri pravednosti koju ostvarimo.

Siromašni u srcu su oni koji su prihvatili Gospoda i dobili pravo ući u nebesko kraljevstvo. Od tada pa nadalje, oni mogu postati blagi i imati čisto srce žaleći i pokajavajući svoje grijehe da bi ih odbacili. Oni moraju nastaviti rasti u svojoj vjeri slijedeći pravednost kontinuirano.

Prvenstveno oni koji su shvatili svoju zloću, odbacili i postali posvećeni kroz progone i iskušenja mogu ući u bolje mjesto na nebo i također vidjeti Boga Oca.

Progoni zbog Gospoda

Do mjere u kojoj ostvarimo pravednost, progoni će nestati. Kako naša vjera raste i postane savršenija, mi ćemo poštovati ljude oko nas. Nadalje, mi također možemo primiti od Boga duhovne i materijalne blagoslove.

Mi to možemo vidjeti u slučaju Danielova tri prijatelja. Oni su bili progonjeni jer su se držali svoje pravednosti za Boga.

Bačeni su u vatrenu pećnicu koja je bila sedam puta toplija nego prije, ali ih je Bog zaštitio. Nijedna dlaka sa njihove glave nije opečena.

Videći ovaj rad Boga, kralj je također dao hvalu Svemogućem Bogu. On je također uzdigao to troje.

Ali to ne znači da će svi progoni nestati samo zato što potpuno ostvarimo pravednost prakticirajući riječ Boga. Također postoje progoni kroz koje Gospodovi radnici moraju proći za kraljevstvo Boga.

> *Blagoslovljeni ste vi kad vas ljudi zbog mene grde i progone i za vama lažno sve zlo govore. Radujte se i veselite se; jer je velika plaća vaša na nebesima, jer su isto tako progonili i proroke prije vas* (Po Mateju 5:11-12).

Mnogi oci vjere voljno uzimaju patnju da bi ostvarili volju Boga. Iznad svega, Isus postoji u obliku Boga. On je nevin i bez mrlje, ali On je uzeo kaznu grešnika. Da bi ispunili providnost spasenja, On je bičevan i razapet među svim vrstama ruganja i prezira.

Apostol Pavao

Pogledajmo slučaj apostola Pavla. Pavao je postavio temelje misija propovijedajući evanđelje nevjernicima. Kroz njegova tri misijska putovanja on je uspostavio mnogo crkvi. To nikako nije bilo lako. Mi možemo vidjeti koliko je to bilo teško u njegovoj ispovijedi.

> *Sluge su Kristove, da reknem kao lud, ja još više, više sam se trudio, više po tamnicama bio, preko mjere izbijen bio, mnogo puta u pogibli smrtnoj bio Od Židova primio sam pet puta četrdeset manje jedan udarac. Tri puta je bio tučen sa štapovima, jednom je kamenovan, tri puta je doživio brodolom, noć i dan je proveo u dubini. U trudu i muci, u mnogom nespavanju, u gladu i žeđi, u mnogom postu, u zimi i golotinji* (2. poslanica Korinćanima 11:23-27).

Bilo je ljudi koji su se zakleli ne jesti ništa dok ne ubiju Pavla. Mi možemo zamisliti koliko je bila velika patnja kroz koju je morao proći (Djela apostolska 23:12). Ali bez obzira na situaciju progona, apostol Pavao je uvijek bio radostan i zahvalan jer je imao nadu za kraljevstvo nebesko.

On je bio vjeran do točke smrti za kraljevstvo i pravednost Boga, ne štedeći čak i vlastiti život (2. poslanica Timoteju 4:7-8).

Nije da ljudi Boga pate jer oni nemaju moći. Kad je Isus bio na križu, da je On htio, On je mogao pozvati više od 12 legija anđela i uništiti sve zle tamo (Po Mateju 26:53).

I Mojsije i apostol Pavao su imali tako veliku moć da su ih ljudi smatrali kao bogovima (Izlazak 7:1; Djela apostolska 14:8-

11). Kada su ljudi nosili rupce ili pregače koje je dotaknuo Pavao do bolesnih, bolest ih je napustila i demoni su istjerani iz njih (Djela apostolska 19:12).

Ali jer su znali da će Božja providnost biti više ispunjena kroz njihovu patnju, oni ju nisu pokušavali izbjeći nego su je preuzeli sa radosti. Oni su propovijedali volju Boga sa gorućom strasti i činili su što im je Bog zapovjedio.

Velike nagrade kada se radujemo i kada smo zadovoljni

Razlog zašto se mi možemo radovati i biti zadovoljni kada smo progonjeni u ime Gospoda jer će biti velike nagrade u nebeskom kraljevstvu (Po Mateju 5:11-12).

Među odanim ministrima u starim danima, bilo je nekih koji su bili voljni žrtvovati svoje živote za kralja. Kralj bi dodavao više slave i časti zbog njihove odanosti. Ako bi ministar umro, kralj bi dao veliku nagradu njegovoj djeci.

Kao što rečeno po Ivanu 15:13, *„Od ove ljubavi nitko veće nema, da tko život svoj položi za prijatelje svoje,"* oni su dokazali svoje živote za svojeg kralja žrtvujući svoje živote.

Ako smo mi progonjeni te čak damo svoj život za Gospoda, kako može Bog, gospodar svih stvari, samo ostaviti stvari kakve jesu? On će izliti na nas nezamislive nebeske blagoslove.

On će nam dati bolje mjesto prebivanja u nebeskom kraljevstvu. Oni koji su mučeni za Gospoda će biti priznati zbog svojeg srca i ljubavi za Gospoda. Oni će otići barem u treće nebesko kraljevstvo ili čak u Novi Jeruzalem.

Čak i ako nismo potpuno posvećeni, ako možemo žrtvovati svoje živote da bi postali mučenici, to znači da mi možemo postati potpuno posvećeni ako imamo više vremena.

Apostol Pavao je patio toliko puno te čak dao svoj život za Gospoda. On je mogao komunicirati sa Bogom jasno i iskusiti mnoge duhovne stvari neba. Pošto je on vidio Raj, on ispovjeda, *„Jer mislim, da trpljenja sadašnjega vremena nijesu ništa prema slavi, koja će se objaviti na nama"* (Poslanica Rimljanima 8:18).

On je također ispovjedio u 2. poslanici Timoteju 4:7-8, *„Dobar sam boj vojevao, trku svršio, vjeru očuvao. Uostalom, meni je pripravljen vijenac pravde, koji će mi dati Gospodin u dan onaj, pravedni sudac; a ne samo meni, nego i svima, koji su ljubili dolazak njegov."*

Bog ne zaboravlja vjernost i trud onih koji su progonjeni te čak postali mučenici za Gospoda. On vraća takvu patnju sa prepunom časti i nagradama. Kao što je apostol Pavao ispovjedio, biti će veličanstvene nagrade i slava koji čekaju.

Čak i ako ne izgubimo zapravo naš fizički život, sve stvari koje činimo za Gospoda sa srcem mučenika i sve progone kroz koje prolazimo za Gospoda će nam biti vraćene kao nagrade i blagoslovi.

Isto tako, onima koji se raduju i drago im je iako prolaze kroz progone za Gospoda, Bog odgovara na želje njihova srca i ispunjava njihove potrebe da bi dokazao da je Bog s njima. Do mjere u kojoj prevladaju poteškoće, njihova vjera će biti velika; oni će primiti veću moć i autoritet, komunicirati sa Bogom jasnije i biti u mogućnosti prikazati veći radi Božje moći.

Ali zapravo, oni koji žrtvuju svoj život za Gospoda nije briga hoće li primiti nešto nazad na ovoj zemlji. Oni se mogu radovati još više jer se ništa ne može usporediti sa nebeskim blagoslovima i nagradama koje će oni kasnije primiti.

Blagoslovi za one koji sudjeluju u patnjama Gospoda

Trebali bismo zapamtit još jednu stvar. Kada čovjek Boga pati za Gospoda, oni koji su s njim će također primiti blagoslove.

Kada je Davida progonio njegov sin Absalom kao rezultat svojeg grijeha, oni koji su bili vjerni znali su da je David čovjek Boga. Čak i ako su njihovi životi bili ugroženi oni su svejedno ostali s njim. Konačno, kada je David ponovno obnovio Božju milost, oni su mogli primiti milost zajedno sa njim.

To je volja pravednog Boga da kad čovjek Boga pati u ime Gospoda, oni koji su s njim sa iskrenim srcem će također kasnije sudjelovati u slavi. Isus je također rekao Svojim učenicima o nebeskim nagradama koje će oni primiti da bi im dao više nade.

Vi ste u mojim kušnjama ustrajali s menom. Zato

ostavljam vama kraljevstvo, kao što je Otac moj ostavio meni. Vi ćete u kraljevstvu mojemu za stolom mojim jesti i piti i na prijestoljima sjediti i dvanaest plemena Izraelovih suditi (Po Luki 22:28-30).

Naša crkva i ja smo prošli kroz puno progona u ostvarivanju Božjeg kraljevstva. Jer znamo da je to volja Boga, mi propovijedamo o dubokim duhovnim stvarima, znajući da će nam to prouzrokovati progone.

Prolaziti kroz mnogo poteškoća sa kojima se čovjek ne može stvarno nositi, mi smo ostavili sve u Božjim rukama samo sa molitvama i postom. Onda, Bog nam daje veliku moć kao dokaz da je On sa nama. On nam dopušta prikazati mnogo znakova i čuda. Nisu samo brojne bolesti izliječene nego također slabosti kao što su dječja paraliza, sljepilo i gluhoća, ili dijelovi tijela koji su bili slabi od rođenja sada rade dobro.

Nadalje, mi smo mogli voditi stotine tisuća te čak milijune ljudi na stranu Gospoda kroz pohode u mnogim zemljama. Jedan od pohoda je uhvatio pažnju cijelog svijeta jer je bio izvještavan na CNN-u (Cable News Network).

U 2005, GCN (Global Christian Network) TV je uspostavljen i počeo emitirati 24 sati program u New Yorku i New Jerseyu. U samo 1 godinu od uspostavljanja, Bog ju je blagoslovio tako da ju svatko u svijetu može gledati preko satelita.

Posebno, pohod u New Yorku u srpnju 2006 održan u Madison Square Gardenu u New Yorku, pohod je emitiran u više od 200 zemalja oko svijeta kroz različite kršćanske programe kao što su GCN, Cosmovision, GloryStar Network, i Daystar TV.

Iza ovakve vrste slave su bile suzne molitve članova crkve. Većina članova crkve su držali crkvu sa molitvama i postom kada je crkva bila u teškoj situaciji.

Oni koji su sudjelovali u patnji sa Gospodom su bili prepuni nade za nebesko kraljevstvo. Oni su odrasli imati hrabrost i duhovnu vjeru. Sve te stvari su im vraćene kao blagoslovi. Njihove obitelji, radno mjesto i poslovi su blagoslovljeni. Oni daju slavu Bogu sa svojim brojim svjedočanstvima.

Prema tome, oni koji slijede prave blagoslove su u mogućnosti radovati se i biti zadovoljnih iz dubine svojeg srca kada su progonjeni za Gospoda. To je zato što će gledati naprijed prema vječnim blagoslovima koje će primiti u nebeskom kraljevstvu.

Onaj koji progoni pravi blagoslov

Blagoslov u vidu Boga je jako drugačiji od blagoslova o kojem svjetovni ljudi misle da je blagoslov.

Većina ljudi misli da je biti bogat blagoslov. Ali, Bog kaže da je siromašan u srcu blagoslov. Ljudi misle da je samo biti uvijek sretan blagoslov. Ali, Bog kaže da su oni koji žale blagoslovljeni. Bog kaže da su oni koji su gladni i žedni pravednosti i koji su blagi blagoslovljeni.

Blaženstva sadrže blagoslove i pravi put posjedovanja kraljevstva neba sa srcem koje je siromašno i sliči srcu Boga kroz progone.

Prema tome, ako samo slušamo riječ, mi ćemo moći odbaciti sve oblike zla i ispuniti naše srce sa istinom. Mi ćemo moći potpuno obnoviti blagu i svetu sliku Boga i biti ugodni Bogu. Ovo je način postanka čovjek vjere i čovjek cijelog duha.

Ova vrsta osobe je kao drvo posađeno pored vode. Stabla posađena pored vode imaju obilnu količinu svježu vodu. Čak i tijekom suše ili vrućih dana, oni će imati zeleno lišće i nositi obilan plod (Jeremija 17:7-8).

Vjernici koji žive u riječi Boga iz kojeg svi blagoslovi teku, neće se imati čega bojati čak i u poteškoćama. Oni će uvijek iskusiti ruku Božje ljubavi i blagoslove.

Prema tome, ja se molim u ime Gospoda da ćeš gledati naprijed prema slavi koja će ti biti otkrivena i kultiviraj Blaženstva u sebi. Ja se molim da ćeš moći uživati u pravom blagoslovu koji ti Bog Otac daje do pune mjere i na ovoj zemlji na nebu.

*"Blagoslovljen je čovjek
koji ne stoji
u vijeću bezbožnika
i ne ide putem grješnika
i ne sjedi u društvu opakih;
Nego ima radost svoju u Zakonu Gospodnjem
i o Zakonu njegovu razmišlja dan i noć!*

*On je kao drvo usađeno
na vodenim potocima,
koje rod svoj donosi u pravo vrijeme,
i kojemu lišće ne vene;
što on radi,
sve uspijeva"*
(Psalmi 1:1-3).

Autor:
Dr. Jaerock Lee

Dr. Jaerock Lee je rođen u Muan, Jeonnam provinciji Republici Koreji u 1943. Dr. Jaerock Lee rođen je 1943. godine u Muanu u provinciji Jeonnam u Republici Koreji. U svojim dvadesetim godinama sedam je godina patio od niza neizlječivih bolesti te je čekao smrt bez ikakve nade u oporavak. Međutim, jednoga dana u proljeće 1974. godine njegova ga je sestra dovela u crkvu i kada je kleknuo da moli, živi Bog ga je trenutno iscijelio od svih bolesti.

Od tog trenutka, kada se susreo s živim Bogom kroz to predivno iskustvo, Dr. Lee je volio Boga svim svojim srcem te je 1978. godine pozvan da bude Božji sluga. Žarko je molio te proveo mnogo vremena u postu kako bi mogao jasno razumjeti Božju volju, u potpunosti je provesti i biti poslušan Riječi Božjoj. Godine 1982. Osnovao je Manmin Central Church u Seulu u kojoj su se od tada dogodila nebrojena čudesna ozdravljenja te druga čuda i znakovi.

Godine 1986. Dr. Lee je zaređen za pastora Annual Assembly of Jesus Church u Koreji, a četiri godine kasnije, njegove su propovijedi emitirane u Australiji, Rusiji i na Filipinima. Ubrzo je još mnogo zemalja dosegnuto putem Dalekoistočnu radiotelevizijsku kompaniju Azijsku radiotelevizijsku stanicu i Kršćanski radio sustav u Washingtonu.

Godine 1993., tri godine nakon prve prvog emitiranja, Manmin Central Church izabrana je među „50 najuspješnijih crkava na svijetu" prema odabiru časopisa Christian World Magazin (Kršćanski svijet) te je pastoru Leeju Christian Faith College s Floride u SAD-u dodijelio titulu počasnog doktora teologije. Godine 1996. na Kingsway Theological Seminary u Iowi u SAD-u Dr. Lee je primio doktorsku titulu iz područja kršćanskog služenja.

Od 1993. Dr. Lee je vodio evangelizacije u mnogim udaljenim mjestima kao što su: Tanzanija, Argentina, Los Angeles, Baltimore, Hawai, New York, Uganda, Japan, Pakistan, Kenija, Filipini, Honduras, Indija, Rusija, Njemačka, Peru, Demokratska Republika Kongo, Izrael i Estonija.

Poznate i visokotiražne novine u Koreji su ga 2002. prepoznale kao „svjetski priznatog propovjednika probuđenja" zbog njegove silne službe u mnogim zemljama. Posebno je istaknuta njegova evangelizacijska kampanja „New York Crusade 2006" održana u Madison Square Gardenu, jednoj od najpoznatijih svjetskih dvorana. Taj se događaj prenosio uživo u 220 zemalja. A u evangelizacijskoj kampanji „Israel United Crusade 2009" održanoj u Međunarodnom konferencijskom centru u Jeruzalemu hrabro je propovijedao Isusa kao Mesiju i Spasitelja.

Njegove se propovijedi emitiraju u 176 zemalja putem satelita, uključujući GCN TV te je 2009. i 2010. uvršten među deset najuspješnijih kršćanskih vođa prema izboru popularnog ruskog kršćanskog časopisa In Victory (U pobjedi) i novinske agencije Christian Telegraph zahvaljujući moćnom služenju kroz emitiranje propovijedi i pastoralnom služenju u dalekim zemljama.

Od svibnja 2018. Manmin Central Church broji više od 130 000 članova. Postoje 11 000 crkava kćeri diljem svijeta, uključujući 26 u Koreji. Više od 98 misionara poslano je u 26 zemlje uključujući Sjedinjenje Američke Države, Rusiju, Kanadu, Japan, Kinu, Francusku, Indiju, Keniju i mnoge druge.

Do datuma objavljivanja ove knjige Dr. Lee je napisao 111 knjiga, uključujući i bestselere *Kušanje Vječnog Života Prije Smrti, Moj Život, Moja Vjera I i II, Poruka Križa, Mjera Vjere, Raj I i II, Pakao* i *Božja Moć*. Njegova su djela prevedena na više od 76 jezika.

Njegove kršćanske kolumne pojavljuju se u novinama i časopisima: *The Hankook Ilbo, The Joongang Daily, The Chosun Ilbo, The Dong-A Ilbo, The Seul Shinmun, The Kyungyang Shinmun, The Korean Economic Daily, The Shisa News* i *The Christian Press*.

Dr. Lee je trenutno vođa mnogih misijskih organizacija i udruga. Njegove funkcije uključuju: predsjednik The United Holiness Church of Jesus Christ (Ujedninjene crkve svetosti Isusa Krista); doživotni predsjednik The World Christianity Revival Mission Association (Svjetsko misijsko udruženje za probuđenje unutar kršćanstva), osnivač i član odbora Global Christian Network – GCN (Globalne kršćanske mreže), osnivač i član odbora World Christian Doctors Network – WCDN (Svjetske mreže kršćanski liječnika) te osnivač i član odbora Manmin International Seminary – MIS, (Međunarodnog teološkog fakulteta Manmin).

Ostale moćne knjige istog autora

Raj I & II

Podrobna skica božanske životne okoline u kojoj uživaju stanovnici raja i prekrasan opis različitih razina nebeskog kraljevstva.

Poruka Križa

Moćna poruka razbuđivanja za sve ljude koji su u duhovnom snu! U ovoj ćete knjizi pronaći razlog zašto je Isus naš jedini Spasitelj i iskrenu Božju ljubav.

Pakao

Ozbiljna poruka cijelom čovječanstvu od Boga, koji ne želi da čak i jedna duša padne u dubine pakla! Otkrit ćete nikada prije objavljeni opis surove stvarnosti Hada i pakla.

Duh, Duša, i Tijelo I & II

Kroz duhovno razumijevanje duha, duše, i tijela, koje su komponente ljudi, čitatelji se mogu zagledati u sebe i dobiti uvid u sam život.

Mjera Vjere

Koja je vrsta boravišta, krune i nagrada pripravljena za tebe u raju? Ova ti knjiga donosi mudrost i vodstvo kako bi izmjerio svoju vjeru i kultivirao najbolju i najzreliju vjeru.

Izraele, Probudi se

Zašto je Bog uperio pogled u Izrael od početka svijeta do današnjega dana? Koja je vrsta Njegove providnosti pripravljena za Izrael posljednjih dana, koji iščekuje Mesiju?

Moj Život, Moja Vjera I & II

Najmirisnija duhovna aroma izvučena kao ekstrakt iz života koji je procvjetao neusporedivom ljubavlju za Boga usred tamnih valova, hladnoga jarma i najdubljeg očaja.

Božja Moć

Obvezno štivo koje služi kao neophodni vodič putem kojega se može zadobiti iskrena vjera i doživjeti čudesna Božja moć.

---

www.urimbooks.com

www.ingramcontent.com/pod-product-compliance
Lightning Source LLC
LaVergne TN
LVHW092048060526
838201LV00047B/1292